짐멜의 사회학

짐멜의 사회학

짐멜의 문화개념에 대해 알고자 한다면 그의 사회이론을 구체적으로 알아야 하는 데, 왜냐하면 짐멜은 그의 문화개념의 이론적 초석을 인식론적 사회이론으로 삼았기 때문이다. 특히 그의 초기이론이자, 그것을 통해서 미시적 분석의 기초를 형성한 사회의 분화와 상호작용에 대한 이론은, 인간이 사회적 존재이며 또한 더불어 역사적 사건의 담지자로 이해되어야 함을 가르쳐 준다. 짐멜에 따르면 역사적 현상들은 각 개인의 상호상합작용(相互相合作用)과 그 개인 각각의 무수한 개별적 사회공헌들의 통합과 승화, 그리고 각 사회의 다양한 형태들 속에서 스스로 계속 발전되어 나가는 사회의 원초적 힘, 곧 에너지(Energie)의 형태화를 통해서 시작되었다.

Georg S

김 태 원 지음

한국학술정보(주)

게오르그 짐멜(Georg Simmel: 1858~1918)은 에
밀 뒤르껭(Emile Durkheim: 1858~1917), 빌프레도 파레토(Vilfredo
Pareto: 1848~1923), 페르디난트 퇴니스(Ferdinand Tönnies: 1855~
1936) 그리고 막스 베버(Max Weber: 1864~1920)와 함께 현대사회학
을 창시한 선구적 사회학자 중 한 사람이다. 이들 초기 사회학자들이
사회학사적인 맥락에서 차지하는 중요한 의의는 19세기 말 유럽의 특
히 독일의 풍부한 학문적인 풍토 위에서 전형적이고 모범적인 사회학
이론을 구성하고 더 나아가 그 이론을 통해서 소위 모던(Moderne)이
라는 그 이후의 사회현상을 파악하기 시작했다는 점이다. 그는 사회
의 분화, 공업화, 도시화, 관료화, 개별화를 수반한 매우 심리적이고도
미시적인 사회현상을 분석하려 시도하였다. 짐멜은 이런 복잡한 현대
화과정에 놓여진 사회현상을 심리학적이고 철학적인 관점에서 분석하
려고 시도하였다. 이러한 이유로 짐멜은 현대사회를 조직적으로 분석
한 첫 사회학자로 꼽힌다. 그는 기존의 학문적 경향에서 벗어나 사회
의 분화를 체계적으로 파악하기 시작한 첫 사회학자였으며 이러한 그
의 안목은 당시의 학문적인 흐름으로 미루어 볼 때 매우 획기적인 것
이었다.

하지만 짐멜의 사회학을 연구한다는 것은 결코 쉬운 일이 아니다. 왜냐하면 짐멜은 매우 다양한 학문적 분야에 걸쳐 그의 지적 기반을 다졌으며 그의 저서 또한 사회학에 한정되어 있는 것이 아니기 때문이다. 생의 마지막 즈음에 짐멜이 내린 학문적 닻은 결국 문화사회학적인 경계를 넘어 생철학적인 영역이었지만 그가 초기에 발견한 학문적인 길은 독일의 이상주의(Idealismus)였다. 더 자세히 말한다면 짐멜은 칸트의 인식론에서 출발한 신칸트주의자의 일원이라 할 수 있다. 이러한 시대적 배경에 따라 짐멜의 사상은 그 다양성을 보여주고 있는데 특히 그는 초기에는 심리학과 역사학에 많은 관심을 가지고 있었다. 이러한 것은 그의 저서를 살펴보면 잘 알 수 있다. 1881년 짐멜은 자신의 박사 학위 논문을 「칸트의 물리적 단자론에 따른 질료적 존재(Das Wesen der Materie nach Kants physischer Monadologie)」라는 제목으로 발표하였고 1890년에는 「사회의 분화에 관하여. 사회학적이고 심리학적인 연구(Über sociale Differenzierung. Sociologische und psychologische Untersuchung)」, 그리고 1892년에는 「역사철학의 문제들. 인식론적인 연구(Die Probleme der Geschichtsphilosophie. Eine erkenntnistheoretische Studie)」를 출판하였다. 그리고 그의 주저인 「화폐의 철학(Philosophie des Geldes)」과 「사회학. 사회적 결합의 형식들에 관한 연구(Soziologie. Untersuchung über die Formen der Vergesellschaftung)」는 훨씬 뒤인 1900년과 1908년에 각각 발표되었다.

짐멜 자신도 이러한 그의 사상적 다양성을 이미 스스로 감지하였었다. 그가 남긴 일기에 보면 짐멜은 자신의 사상적 유산을 마치 여러 상속자에게 나누어지는 현금에 비유하였다. 누구나 상속자의 대열에 서서 그의 현금에 비유될 수 있는 사상적 유산을 받아 자신의 본성에 알맞은 것으로 전환시킬 수 있으리라는 것이다. 말하자면 누구나 짐멜이라는 한 사람의 사상을 통해서 그 자신의 세계를 열고 다른 세계를 엿볼 수 있는 것이다. 이런 의미에서 짐멜은 적어도 그의 사상적 유산을 물려받은 모든 사람들에게는 그들을 다른 세계로 들어갈 수 있게 해주는 문이며 또한 그리로 건너가게 도와주는 하나의 다리인 것이다. 이런 관점에서 보면 그는 사회과학의 고전적인 이론가이기보다 오히려 자유사상가이며 수필가에 가깝다고 볼 수 있다. 그래서 우리는 그를 영혼의 철학자 또는 사회의 철학자라고도 부를 수 있는 것이다.

사회학에 대한 짐멜의 근본적인 생각은 철학이나, 역사학, 심리학 그리고 예술사 등 여러 분야의 연구에 의해 형성되었다. 그의 학문적인 기초는 칸트(Immanuel Kant: 1724~1804)의 인식론에 바탕을 두고 있으며 특히 신칸트주의의 영향을 강하게 받았다. 이것은 그가 살았던 시대의 영향이기도 하다. 특히 신칸트주의 중에서도 하이델베르크 대학을 중심으로 한 빌헬름 빈델반트(Wilhelm Windelband, 1845~1915)와 하인리히 리커트(Heinrich Rickert, 1863~1936)로 대표되는 남서독 일학파(Die südwestdeutsche Schule)와 학문적 맥을 같이한다.

일반적인 학문적 경향에 따라 짐멜의 사상적 흐름을 나눈다면 보통 3단계로 나눌 수 있다. 그 처음은 인식론적인 사고단계이며 두 번째는 사회학적 그리고 세 번째는 문화철학적이고 형이상학적인 단계이다. 초기의 짐멜은 다윈(Charles Robert Darwin: 1809~1882)의 진화론에 의해 영향을 받았던 허버트 스펜서(Herbert Spencer: 1820~1903)의 생물학적 진화론에 접해 있었던 실증주의자였으며 또한 실용주의와 사회진화론에 속해 있었다. 이 시기(1880~1895)에 짐멜은 무엇보다도 상호작용이론에 심취해 있었으며 인식론적인 문제들에 많은 관심을 가지고 있었다. 두 번째 단계(1896~1907)에서 짐멜은 가치와 문화라는 두 개념에 몰두한다. 이러한 그의 가치에 대한 연구 결과로 1900년에는 「화폐의 철학」이라는 자신의 대표적 저술 중의 하나를 완성하게 된다. 짐멜은 가치와 문화철학이라는 개념을 세우는 과정의 마지막 즈음에 그의 사회학적 주저인 「사회학」을 펴냄으로써 사회학사에서 고전적 이론가로서의 위치를 굳힌다. 마지막 짐멜의 학문적 단계(1908~1918)는 예술철학, 문화철학 그리고 형이상학이라는 제 분야에서 꽃피게 되는데 이때에 짐멜은 「괴테(Goethe)」와 「렘브란트(Rembrandt)」를 저술하게 되고 이외에도 예술과 문화에 대한 여러 수필형식의 소논문을 쓰게 된다.

그리고 짐멜은 생의 마지막 즈음에 '생철학'에 대한 관심을 보이면서 새로운 학문적 전환을 시도하게 되는데 이때에 그는 주로 베르그송(Henri Louis Bergson, 1859~1941)과 서로 영향을 주고받는다. 그는 특히 베르그송의 '엘랑 비탈(élan vital)',[1] 곧 '생의 비약'이라는 생철학적인 개념의 영향을 받아 자신의 생철학에 있어서 가장 중요한 토대가 되는 개념인 '영혼과 삶(Seele und Leben)'이라는 두 개념을 구성한다.

짐멜의 문화개념에 대해 알고자 한다면 그의 사회이론을 구체적으로 알아야 하는데 왜냐하면 짐멜은 그의 문화개념의 이론적 초석을 인식론적 사회이론으로 삼았기 때문이다. 특히 그의 초기이론이자 그것을

---

1) 이는 베르그송의 저서 「창조적 진화(L'évolution créatrice, 1907)」에 나오는 주요 개념으로 생명의 약진력을 의미한다. 그는 이 저서에서 다윈의 진화론적 영향으로 유기체의 형식에 기계론적인 법칙의 적용불가함을 강조하였으며 삶이란 곧 창조적 활성 속에서 끝없이 움직이는 것이라 하였다. 그러므로 그에 의하면 삶은 '이성(Vernunft)'에 의해서가 아니라 '직관(Intuition)'에 의해서 파악될 수 있다. 베르그송의 이 '엘랑 비탈(élan vital)'은 존재에 대한 새로운 표현이며 자연 속에서는 원초적 힘(Urkraft)으로 인간에게서는 의지로서 나타나고 이성을 넘어 신적인 것으로 이끄는 하나의 원칙으로 묘사된다.

통해서 미시적 분석의 기초를 형성한 사회의 분화와 상호작용에 대한 이론은 인간이 사회적 존재이며 또한 더불어 역사적 사건의 담지자로 이해되어야 함을 가르쳐 준다. 짐멜에 따르면 역사적 현상들은 각 개인의 상호상합작용(相互相合作用)과 그 개인 각각의 무수한 개별적 사회 공헌들의 통합과 승화 그리고 각 사회의 다양한 형태들 속에서 스스로 계속 발전되어 나가는 사회의 원초적 힘 곧 에너지(Energie)의 형태화를 통해서 시작되었다.

이러한 역사적 현상들에 기인해서 사회학은 사회과학으로서 새로운 연구대상과 새로운 방법론을 가지게 된다. 그 새로운 사회현상의 분석적 방법이란 바로 형식과 내용의 구별을 통한 사회분석 방법을 말한다. 이전까지의 모든 정신과학들이 형식과 내용을 구별하지 않고 취급하여 그들의 구별을 단지 내용의 다양성으로부터만 취한 데 비하여 짐멜은 이들로부터 형식과 내용을 구별함으로써 새로운 사회학의 터를 닦았다. 곧 그에게는 다양하고 복잡한 사회적 형식들이 사회학의 대상이 되었다. 인간의 상호작용이 일어나는 곳이면 어디서나 나타나는 형식과 역사적인 현상들은 서로서로 상반되는 다양한 목적 속에서 있다. 여기에 짐멜이 형식사회학을 세운 이유가 숨어 있는 것이다. 그리고 그의 변증법적인 노력에 의해서 이러한 형식개념은 삶의 개념에 적용된다. 인간은 그 자신 삶의 형식을 창조하고 그 형식의 다양한 상호작용을 통해 영적인 삶의 완성을 위해 노력하게 된다. 그에 있어서 삶은 그러나 단순한 삶이 아니라 '더 나은 삶(Mehr-Leben)' 그리고 '삶 이상의 삶(Mehr-als-Leben)'을 의미한다.

'삶과 형식(Leben und Form)' 그리고 '형식과 내용(Form und Inhalt)'이라는 개념은 '영혼과 삶'이라는 개념과 상호 연관성을 지니고 있는데 이들은 곧 짐멜 문화사회학의 초석을 이루는 개념들이다. '형식과 내용'은 그의 사회이론의 핵심적 개념이면서 동시에 곧 '삶과 형식'이라는 개념적 전환을 거쳐 '삶' 즉 창조적이며 끝없이 움직이는 속성을 지닌 '더 나은 삶(Mehr-Leben)', 그리고 '삶 이상의 삶(Mehr-als-Leben)'이라는 개념적 전환을 하게 된다. 즉 삶과 형식은 '삶-형식-삶'이라는 발전과정을 이루게 되는데 '삶-형식-삶'이란 삶이 항상 고정된 형식 속에 머물러 있는 것이 아닌 새로운 형식을 통한 창조적이고 역동적인 것이라는 의미이다. 그러므로 '삶 이상의 삶'이란 곧 창조적인 삶을 의미한다. 여기서 '창조적'이라는 표현은 현 순간의 삶은 보다 새로운 삶을 위한 이 전 단계의 한 구성요소라는 것이다. 이러한 창조성에 의해 삶은 해체되고 다시 통합되는데 이러한 과정 속에 삶이 속해 있는 한은 창조적이다. 이러한 초월적 특성을 지닌 삶을 우리는 '삶 이상의 삶'이라고 말한다.

짐멜에 있어서 삶이란 곧 정신적 범주의 형식화를 통해서 형성된다. 형식은 곧 삶의 자기의지나 고유한 역동성에 의해서 생기며 고착화되고 자기화된다. 그리고 반대로 삶 또한 형식을 위해 그 삶의 소재들을 형식 속에 채우고 배열하는데 이 배열이 잘 이루어진 상태를 짐멜은 '가치나 의미의 충족'이라 한다. 그러므로 삶에게 형식은 필수불가결한 것일 수밖에 없다. 하지만 만약 하나의 커다란 '삶의 전환'이 이루어지면 현존하던 형식은 부서지고 새롭고 생산적이며 고유한 형식이 구성되어 삶의 소재들을 스스로 속에 채우고 삶은 그 형식의 뒤를 따라가는 역사적 과정을 통해서 보다 나은 삶으로 계속 발전해 나아가게 된다. 그러므로 짐멜에 의하면 삶과 형식은 항상 변증법적 긴장관계 속에서 놓여 있게 될 수밖에 없다. 삶의 이런 급격한 변화과정은 '왜 삶이 비극을 경험해야 하는가?' 하는 데에 대한 답을 찾는 데 중요한 동기를 제공하여 준다(Simmel, 1918a). 짐멜에 의하면 인간이란 곧 스스로 극복되어야만 하는 어떤 존재인데 이는 인간이 한계를 가진 존재라는 의미를 내포하고 있는 동시에 이러한 한계를 극복하고 그 자신 스스로를 문화화의 대상 즉 스스로 문화화하려는 의지를 가진 존재라는 것이다. 하지만 인간은 단순한 의지에 의해서가 아니라 윤리나 도덕, 규범 등을 통해서 스스로를 문화화시킨다.

짐멜은 문화를 정련된 것들이나 정신적으로 승화된 삶의 형태들 또는 삶의 내적이고 외적인 노동을 통해 얻어낸 결과들이라 보았다(Simmel, 1991). 이러한 그의 문화개념은 소위 이원론적인 사고로부터 형성된다. 그 '이원론(Dualismus)'이란 인간은 아무런 자신의 의지 없이 자연적으로 주어진 세계의 질서 속에 편승되는 것이 아니라 주체로서 세계에 대한 인식에 따라 자신의 위치를 정립시켜 나간다는 것이다. 인간이 세계를 파악하려는 의지를 갖게 될 때 세계는 주체와 객체, 대상과 그 대상을 파악하려는 인간의 사물에 대한 표상으로 나누어지게 된다. 즉 인간이 자연적으로 주어진 세계의 반대편에 서 있을 때에서야 비로소 세계에 대한 파악이 가능한 것이다. 이러한 세계와 인간의 의지 즉 '문화적 지향'은 문화화되지 않은 대상, 짐멜에 따르면 '자연적으로 주어진 힘'과 대치하고 있는데 이러한 문화화되지 않은 대상을 짐멜은 문화의 전제조건으로 보았다. 왜냐하면 삶의 가치란 바로 문화화된 자연 속에서 찾을 수 있기 때문이라고 그는 말한다.(Simmel, 1983a)

이처럼 문화란 자연적으로 주어진 것과 의지 지향적인 두 극점의 가운데에 자리하고 있는 무엇이다. 곧 인간은 문화의 창조주로서 자연적으로 주어져 있는 자연적인 것의 반대편에 서 있으면서 더 나은 삶을 위한 가능성과 기회를 스스로 속에 가지고 있는 것이다. 그러므로 문화란 '영혼의 길'과 같은 것이라고 짐멜은 말한다.(Simmel, 1983a)

곧 정신이 자주적으로 스스로의 의지에 따라 대상을 창조하고 그 창조된 대상을 통해 주체는 스스로의 완성에 이를 수 있는 것이다.

짐멜은 이러한 주체와 객체 사이의 연관성을 토대로 자신의 문화이론 즉 '주관적 문화(subjektive Kultur)'와 '객관적 문화(objektive Kultur)'의 관계를 발전시키고 있다.(Simmel, 1957d) 위에서처럼 그의 문화이념은 '주체와 객체', '삶과 형식', '존재와 형성'의 두 극점 사이에 놓여 있다. 이러한 철학적 관계 속에 짐멜은 가치개념을 끼워 넣음으로써 그의 문화사회학이 성립될 수 있는 토대를 마련하였다. 그리고 이러한 두 문화의 상호발전과정상에서 결국 문화는 피할 수 없는 운명적 비극 즉 '문화의 비극(Tragödie der Kultur)'에 도달하게 되는데 이는 여러 다양하고 이중적이면서도 상호 대립되어 있던 짝들 중의 하나가 그 자신의 추진력을 잃어버린 상태를 말한다. 다시 말하면 이 상실은 완전한 소멸을 의미하는 것이 아니라 나란히 발전선상에 놓여 있던 두 짝들 중 하나가 어느 지점에서 더 이상 발전하지 못하고 정지되어 다른 한쪽이 나머지 한쪽을 앞질러 나아감으로써 균형이 깨어지는 경우이다. 곧 동일한 형태나 속도로 발전되지 못하는 불균형의 상태인 것이다.(Simmel, 1983a) 이를테면 물질문화의 발전이 정신문화를 앞질러 가는 경우를 들 수 있겠다. 짐멜의 「화폐의 철학」이나 「대도시와 정신적 삶(Die Großstädte und das Geistesleben, 1903)」 그리고 문화철학(Philosophische Kultur, 1911)이라는 저서들은 이러한 문화의 비극적 과정과 삶의 다양성을 예리하게 파헤친 작품이다.

주관적 문화와 객관적 문화 사이의 불균형을 유발하는 주된 원인들로는 무엇보다도 현대사회의 급격한 기술적 진보와 도덕이나 정체성 등의 상실을 들 수 있다. 물질문화가 정신문화를 앞지르는 이러한 것은 짐멜에 있어서 문화의 비극이라는 현상으로 나타난다. 그리고 이러한 비극적 선상에서 삶과 그 형식은 제각기 따로 발전해 나가며 매우 세분화된다. 이러한 갈등의 발전과정을 짐멜은 '형식에 대한 삶의 투쟁'이라 부른다.(Simmel, 1983b: 150) 하지만 삶이란 항상 창조의 과정에만 놓여 있는 것이 아니며 이미 창조된 과정 즉 '형식과 현실(Form und Wirklichkeit)' 사이에서 더 이상 발전되지 못하고 주춤거리는 상태에도 머물게 된다. 이렇듯 삶의 필연성에 따라 새로운 형식의 창조적 과정 중에 주춤거리는 상태가 '문화의 갈등(Konflikt der Kultur)'을 유발시킨다. 어느 삶이든 멈추어져 있는 삶이란 없다. 삶이란 항상 새롭게 그 자신의 형태를 만들거나 아니면 그 자신이 지닌 현재의 형태 그 속에서 나마 항상 스스로 움직일 수밖에 없다. 이렇게 본다면 '문화의 갈등'이란 객체화된 정신의 무형식성으로 인해 삶이 그 발전논리를 상실하는 것이라고 말할 수 있다. 왜냐하면 문화 그 자체는 갈등을 위해서는 어떠한 구체적인 형식단위도 가지고 있지 않기 때문이다.

짐멜의 이러한 사회이론과 문화이론은 근대를 넘어 현대에도 영향을 미쳐 1950년대 미국의 사회학계나 1980년대 이후로 독일의 사회학계에서 재삼 짐멜 르네상스를 일으킨 주요한 동기이며 또한 미국의 초기 사회학자 스몰(Allbion Woodbury Small, 1854~1926), 파크(Robert Ezra Park, 1864~1944), 토마스(William Isaac Thomas, 1863~1947) 그리고 미드(George Herbert Mead, 1863~1931)에게 지대한 영향을 미쳐 상징적 상호작용론을 표방하고 나선 시카고학파의 이론적 바탕을 형성하는 데 많은 도움을 주었다.[2]

우리가 지금 짐멜을 읽는 이유는 그의 지식을 우리의 시대에 그대

---

2) 이에 대한 자세한 것은 다음의 책을 참고할 것. Kim, Tae Won(1999): G. Simmel, G. H. Mead und der Symbolische Interaktionismus. – Geistesgeschichtliche Zusammenhänge, soziologische Systematik –, Würzburg.

로 옮겨오고자 하는 것이 아니라 그의 지적 모험을 통해 우리의 시대와 삶을 들여다보고자 함이다. 저자는 독일유학시절 짐멜에 대한 석사학위 논문을 쓰면서 짐멜연구를 시작하게 되었다. 그 후로 때로는 짐멜을 이해하기 위한 고뇌에 때로는 그의 지적인 현혹에 깊이 심취되어 오늘까지 이르게 되었다. 짐멜의 사상은 난해하고 광범위하며 정련되지 않은 원석과 같은 것이어서 그를 이해하는 데에는 많은 어려움이 따른다. 그러나 한편으로 짐멜의 사상은 그를 거쳐 가는 이로 하여금 사상적 강요가 아닌 지적 자유로움을 제공해 준다는 점에 있어서 매우 고무적이며 또 하나의 지적 자궁과 같은 것이다. 우리의 현실에 맞는 이론적 틀이 절실히 요구되는 오늘날 이에 조금의 보탬이라도 되고자 무딘 필을 적심을 독자들에게 감히 머리 숙여 양해를 구한다.

2007년 11월
김태원

Contents

제1장

짐멜의 생애와 학문

1. 짐멜의 생애[1]

짐멜의 조부(祖父)인 이삭 짐멜(Issak Simmel)은 뒤헤른푸르트
(Dyhernfurth: 현재는 폴란드에 속해 있는 슐레지엔 지방) 출신으로
유복한 상인이었다. 당시 뒤헤른푸르트는 유대인의 자치구였으며 많은
유대인 상인들이 그곳에 거주하고 있었다. 하지만 대부분의 상업행위
는 그리 멀리 떨어져 있지 않은 이웃도시인 브레슬라우(Breslau)에서
이루어졌다. 하지만 그곳 브레슬라우의 시민권을 부여받는 것은 그리
쉬운 일이 아니었다. 이삭 짐멜 역시 노년기인 1840년경에야 시민권을
부여받고 브레슬라우로 이주하였으며 그의 아들이자 게오르그 짐멜
의 아버지인 에드봐르트(Edward)는 이곳 브레슬라우에서 1810년에
태어났다. 그 역시 상인이었으며 사업상의 일이긴 하지만 유난히 많은
여행을 하였고 특히 1830년과 1835년 사이 파리에 있는 가톨릭 유대
인 협회에 가입하였다. 1838년 에드봐르트는 브레슬라우 출신의 플로
라 보트슈타인(Flora Bodstein)과 결혼한다. 그녀는 유태인 가정 출신
이며 이미 어렸을 적에 개신교 세례를 받았다. 결혼 후 에드봐르트는
곧바로 가족을 이끌고 베를린으로 이주하여 프랑스산 잼을 베를린으
로 들여오기 시작하였다. 이 사업의 성공으로 그는 "펠릭스와 사로티
(Felix und Sarotti)"라는 회사를 설립하게 된다. 이 펠릭스와 사로티
라는 공장은 이후에 초콜릿 공장으로 바뀌지만 계속해서 짐멜가에 의

---

1) 짐멜의 생애나 학문적 발자취는 주로 여러 사람들의 회고록에 기인하여 작
   성되었는데 여기에서는 주로 가센(K. Gassen)과 란트만(M. Landmann)이
   짐멜 탄생 100주년 기념으로 1958년에 펴낸 「게오르그 짐멜에 대한 감사의
   책(Buch des Dankes an Georg Simmel)」과 아들 한스의 회고록 그리고 볼
   프(Kurt H. Wolf)가 펴낸 「게오르그 짐멜, 1858~1918(Georg Simmel, 1858~
   1918)」을 참고하였음을 밝혀 둔다. 더 자세한 것은 참고문헌을 볼 것.

해 운영되지는 않았다.

　게오르그 짐멜은 1858년 3월 1일 베를린의 프리드리히 엑커 라이프치히가(街)에서 형과 다섯 누나를 가진 7형제 중 막내로 태어났다. 그의 형이었던 오이겐(Eugen)은 후에 라이프치히에서 서점을 열었으며 소책자인 알펜기행이라는 책을 내었으나 일찍 죽었다. 짐멜의 어린시절은 그리 행복한 편이 아니었다. 아들 한스(Hans Simmel)에 의하면 그는 그의 어린시절에 대해 그리 많은 얘기를 하지 않았다 한다. 짐멜이 태어나기 전 가족은 비교적 넉넉한 생활을 하였으나 짐멜이 태어나고 난 후 가족은 사업상의 어려움으로 경제적 빈곤에 시달려야 했다. 조부인 이삭은 동업자와 결별한 후 사업에 진전이 없었다. 이런 어려운 시기에 가족을 묶어준 것은 음악이었다. 짐멜은 그의 첫 피아노 수업을 누이인 마리(Marie)에게서 받았고 후에 그녀와 함께 자주 연주하였다. 바이올린 수업 역시 경제적 어려움에도 불구하고 받게 되었다.

　짐멜의 아버지는 경제적 어려움에 시달리다가 1874년에 세상을 떠나게 되었는데 그 전해 만약 누군가 그를 도와주지 않았다면 아주 큰 어려움에 직면하게 되었을 것이라 전해진다. 그의 이름은 가족 내에서 '돌(Dol)' 또는 아이들에게는 '돌 아저씨'라고 불렸던 사업가이자 음악 서적을 출간하는 페터스(Peters) 출판사의 창업주 율리우스 프리트렌더(Julius Friedländer)였다. 그는 짐멜의 할머니보다 좀 나이가 많은 독신자로 호기심이 많으며 모험적인 성격의 소유자였다.

　그는 에드봐르트의 사망 후 짐멜의 후견인이 되고 짐멜을 양자로 삼는다. 프리트렌더는 짐멜에게는 없어서는 안 될 중요한 인물로 짐멜이 학문을 계속할 수 있는 모든 여건을 제공하여 주었으며 또한 짐멜의 안목을 넓히는 데 절대적인 역할을 하였다. 그는 이미 짐멜의 누이였던 마리(Marie)에게 피아노를 가르쳤으며 후에는 또한 바이올린을 사사하기도 하였다. 이처럼 그는 음악을 사랑하였을 뿐만 아니라 여행 또한 즐겨 하여 짐멜과 함께 많은 여행을 하기도 하였다. 후에 그는 짐멜에게 유산을 남겨 짐멜로 하여금 경제적인 짐을 덜게 하였으며 짐멜이 학문적인 경력을 쌓는 데 중요한 역할을 하였다. 이러한 것은 짐멜이 그의 박사학위 논문의 헌사를 "나의 아버지 같은 친구인 율리 우스 프리트랜더에게 감사와 사랑으로 이 논문을 바친다"라고 쓴 것 을 보아도 잘 알 수 있다.

짐멜은 그의 어머니 뜻에 따라 개신교에서 세례를 받았다. 하지만 그럼에도 불구하고 일차대전 당시 교회에서 탈퇴하였다. 이러한 짐멜 의 교회에 대한 태도는 유대로의 복귀를 의미하는 것이 아니라 그보 다는 오히려 구속받지 않는 자유로운 세계관에 대한 요구에서 우러나 온 것이다.

1890년에 짐멜은 철도기술자의 딸이자 공무원이었던 게르트루트 키 넬(Gertrud Kinel)과 결혼하였다. 이에 대해 짐멜의 아들인 한스짐멜 (Hans Simmel)은 회고록에서 다음과 같이 적고 있다:

언젠가부터 나의 아버지가 다녔던 김나지움(고등학교)에서는 누군 가에 의해 다음과 같은 규정이 세워졌다: "이 지방 운터프리마 (Unterprima)에서는 어느 특정한 날에 학급 내에서 논술시험을 실시한 다. 가장 잘 쓴 논술자에게는 10탈러(Thaler: 독일의 구 화폐단위), 그 리고 2등에게는 5탈러가 상으로 수여된다. 나의 아버지가 여기에서 1등 상을 받았고 2등 상은 하랄트 그래프(Harald Graef)에게 돌아갔다. 이 를 계기로 해 두 사람 사이에는 평생을 둔 오랜 친교가 맺어졌고 또한 나의 아버지에게는 아주 중요한 결과를 가져다주었다. 그래프의 부모 는 3명의 자녀를 두었는데 화가였던 하랄트와 후에 예나대학의 고고학 교수가 된 보토(Botho) 그리고 사비네(Sabine)가 그들이었다. 딸이었던 사비네는 소묘뿐만 아니라 음악에 있어서도 재능을 지니고 있었다. 어느 날 나의 아버지 짐멜이 이 집의 오래된 친구로 그래프의 집을 방문하고 있었을 때 사비네는 미술학교에서 그녀의 부모와 함께 게르트루트 키넬이라는 여자친구를 집으로 데려왔다." 후에 그녀는 짐멜의 부인이 되었다.

짐멜은 일상적으로 오전과 밤에 자신의 학문연구에 몰두하고 오후에는 주로 손님을 접대하거나 친구를 만났다. 그의 가까운 친구 중의 하나는 이그나츠 야스트로프(Ignaz Jastrow)였는데 두 사람은 서로 얘기를 나눌 때 상대방이 잘 알아들을 수 없을 정도로 작은 목소리로 얘기하였다. 하지만 두 사람 사이에는 항상 어떤 교감이 흐르고 있었고 서로를 잘 이해할 수 있었다.

짐멜의 창작품들 이를테면 논문이나 강의 등은 항상 쉽게 그에 의해 만들어졌다. 그의 강의는 강의록에 의해 진행된 것이 아니라 항상 즉석에서 이루어졌다. 그의 논문들은 마치 그가 이미 그의 내면에서 논문을 한 번 보기라도 한 것처럼 교정 없이 죽 써내려갔다. 하지만 그의 정신적인 탁월함과 인간적인 성품 뒤에는 비합리적인 내면이 숨겨져 있었다. 딜타이의 제자이자 그의 제자이기도 했던 그뢰투이젠(Groethuysen)은 "그의 웃음 속에는 극한적인 무엇인가가 담겨져 있고 그는 근본적으로 음울하고 야생적인 사람이다"라고 말한 적이 있다.

그의 부인이 전하는 바에 의하면 짐멜은 1차 세계대전 중 극우적인 국수주의자로 병사들에게 다음과 같이 연설한 적이 있었다고 한다: "우리는 모두 전선에 있다." 짐멜의 젊은 친구였던 에른스트 블로흐(Ernst Bloch)는 짐멜의 이러한 전쟁동조발언에 대해 "당신은 당신의 일생 동안 결정을 회피해 왔습니다. 그리고 이제 당신은 참호 속에서 절대적인 것을 찾으려 하는군요."라고 반박하였다. 이 발언을 계기

로 블로흐는 짐멜의 집에 출입하는 것이 금지되었다. 그는 또한 그와
같은 내용의 전쟁에 관한 편지를 네덜란드의 동료에게 보냈으나 폐기
되었다. 하지만 짐멜은 1917년에 그의 이러한 오류를 깨닫고 다음과
같이 말하였다: "독일의 역사에는 30년 전쟁과 빌헬름 Ⅱ세 정부라는
2번의 대참사가 있었는데 빌헬름 2세는 비스마르크의 독일제국의 기
초를 닦아놓았다." 그리고 짐멜 사후인 1933년 생활고에 시달리던 그
의 부인은 "70년간 나는 조국을 가지고 있었지만 이제 더 이상 그 조
국을 가지고 있지 않다"고 말하였다.

  짐멜은 1918년 자신이 불치병에 걸려 있음을 느끼고 의사에게 "내가
얼마나 더 살 수 있소?" 하고 물었다 한다. 왜냐하면 짐멜은 그 당시
그의 생애 가장 중요한 역작을 저술하고 있는 중이었기 때문이다. 의사
는 그에게 얼마 더 살지 못할 것이라는 것을 사실대로 말하자 짐멜은
자신의 책을 완성하기 위해 더 독한 약을 복용하였다고 한다. 그는 이
미 자신의 죽음을 예견한 고대의 철학자처럼 다음과 같이 그의 친구에
게 적었다. "나는 저기 델로스 섬에서 오는 배를 기다리고 있네." 하지
만 짐멜은 1918년 9월 28일 그가 만년에 4년 동안 정교수직에 머물렀
던 슈트라스부룩(Straßburg: 2차 대전 이후 프랑스령)에서 그의 유언
이라 불리는 「생철학(Lebensanschauung)」을 끝내 다 완성하지 못한
채 간암으로 숨을 거두었다. 그래서 후대의 짐멜 연구가들은 이 유작을
두고 짐멜의 유언(Testament)이라 부르기도 한다. 그러나 그의 이러한
죽음은 그 시대로 본다면 하나의 축복과 같은 것이라 할 수 있는 것이
었다. 왜냐하면 그 당시 슈트라스부룩에 재직하고 있던 많은 교수들은
엘사스가 프랑스령으로 바뀐 얼마 후 처참한 빈곤에 시달렸다. 그의 장
례식에는 그의 유언에 따라 부인과(당시 아들인 한스는 전선에 있었
음) 짐멜을 한 번 더 보려고 했던 게르트루트 칸토로비치만이 참석하

기로 되어 있었으나 게르트루트 칸토로비치는 너무 늦게 와 참여하지 못하였다. 그는 살아 있을 당시 자신의 시신을 만일 간암연구에 도움이 된다면 의학적 연구에 써도 좋다고 허락하였다 한다.

짐멜이 죽은 후 부인은 짐멜의 대부분 저작들이 여러 잡지에 흩어져 있어 그의 정신적인 발전이나 주변을 쉽게 접할 수 없기에 이를 쉽게 하도록 하기 위해 짐멜전집을 출간하려고 노력하였다. 하지만 출판사들의 저작권 고수로 인해 이는 결국 이루어지지 못하였다.

이뿐만 아니라 짐멜의 유작에도 몇 번의 불운이 뒤따랐다. 우선 게르트루트 칸토로비치는 「단편들과 논문들(Fragmente und Aufsätze)」이라는 제목으로 짐멜의 유작을 출간한 후 다른 한편의 유작을 더 출간하려 했는데 여행 중 그녀가 잠시 식당차에 간 틈에 여행가방을 잃어버려 그 안에 들어 있었던 원고를 분실하였다. 그 잃어버린 원고는 다시 찾을 수 없었는데 그것은 짐멜이 「배우의 철학(Philosophie des Schauspielers)」이라는 논문을 확장한 한 권의 책이었다. 이로 인하여 후에는 그중의 한 부분만이 출간되게 되었다. 그 나머지는 히틀러정권 당시 짐멜의 아들이 강제 이주를 당하는 동안에 분실되었다. 그는 2차 대전 중 그의 아내와 네 자녀를 데리고 미국으로 도피하는 데 성공하였다. 하지만 그는 다카우(Dakau) 강제수용소시설의 후유증으로 곧 사망하였다. 이처럼 그는 미국으로 도피하는 데는 성공하였지만 그가 미국으로 가지고 가려던 짐들은 모두 잃어버렸다. 그는 미국으로 도피할 당시 H. S. 1065와 2028이라는 번호가 붙여진 두 개의 짐을 1939년 슈투트가르트의 바르 메링 회사(Barr Moehring)를 통해 함부르크(Hamburg)로 보내 용역인인 카알 굴트마이스트(Carl E. Guldmeister)에 의해 마르쉬가(街) 11번지에 있는 자유항에서 선적되었다. 하지만 채 배에 옮겨지기 전에 비밀경찰에 의해 짐이 압류되었고 ― 함부르크

시청에 의하면 ― 제국에 도움이 되게 하기 위해 경매되었다고 전해진
다. 이 짐들 속에는 갈색가죽으로 제본된 짐멜의 큰 일기장과 세부사항
들도 기입해 놓은 그의 책 초본들 그리고 그가 받은 모든 편지들도 들
어 있었다. 1948년에 이 모든 자료들의 소재를 찾으려 했던 시도들은
헛되이 돌아가고 말았다.

2. 마리안네 베버의 짐멜에 대한 회상[2]

여기에서는 짐멜의 개인적인 품성에 대해 자세히 알아보기 위해 평
소 짐멜과 친분이 두터웠던 마리안네 베버가 쓴 글들을 정리해 보았
다. 짐멜가와 베버가의 이러한 교류를 통해 우리는 두 학자가 서로 학
문적 영향을 주고받았음을 간접적으로 추측해 볼 수 있다.

게르트루트 짐멜은 키가 크고 날씬하며 아주 우아하고 품위 있는
고귀한 북방의 외모에 금발과 푸른 눈을 가진 세련된 언어를 구사하
는 여인이었다. 마치 그녀는 삶의 정점에 이른 듯이 세련되고 경탄할
그 무엇인가를 지닌 약간은 거리감을 유지하는 그런 여인이었다. 얼마
나 기묘한 한 쌍인가, 이런 게르트루트와 그녀의 남편인 게오르그 짐
멜은 게오르그 짐멜은 그녀보다 작은 중간 정도의 키에 전형적인 유
대인 풍이었으며 잘생긴 편이 아니었다. 하지만 그의 외모에서 풍기는

---

2) 이 회고록은 원래 마리안네 베버(Marianne Weber: 1870~1954, 막스 베
   버의 부인)가 1948년에 브레맨(Bremen)의 스트롬(Strom) 출판사에서 펴
   낸 회고록 중 게르트루트 짐멜 부분인데 이 회고록이 후에 게오르그 짐
   멜에 대한 감사의 책(Buch des Dankes an Georg Simmel)에 실린 것을
   간추려 여기 옮긴 것임.

풍부한 지적 능력과 인간적 매력은 우리 여인들을 사로잡기에 충분하였다. 사람들은 그와 함께 있으면 어떤 감정을 느끼며 좋은 대화를 나눌 수 있고 그와 더불어 현명해졌다. 하지만 참으로 기묘한 것은 두 사람의 본성이 너무나 다르다는 것이었다. 이런 그들 부부의 결혼생활에 무슨 문제가 있었는지는 아무도 알 수 없다. 집안 분위기는 좋았고 짐멜은 무척이나 부인에게 다정다감하게 대하였다. 그는 어디를 한동안 다녀오면 부인의 손에 입맞춤을 하곤 하였다. 부부는 그들의 서로 다른 본성에서 태어난 그들 스스로는 아주 다른 성품을 지닌 외아들 한스에 대해서는 내적인 사랑으로 뭉쳐 있었다.

게르트루트와 짐멜의 정신적 구조는 정말 확연히 달랐다. 부인인 게르트루트는 짐멜 같은 사색가요 철학자였으며 그녀 스스로도 짐멜의 강의를 듣고 그의 책을 읽었다. 또한 그녀는 그로부터 많은 것을 받아들이기도 하였다. 하지만 그녀는 의식적으로 그녀 자신의 주장을 가지려 했으며 짐멜로부터 자신을 유지하려 노력하였다. 그녀는 상대적이고 세밀하며 지나치게 섬세하여 극단적인 짐멜의 기질과는 달랐다. 그녀는 명확하고 명료한 판단과 평가를 추구하였으며 과격하였다. 그러므로 그녀는 절대적인 것을 지향하며 살았다. 게르트루트는 마리 루이제 엔켄도르프(Marie Luise Enckendorff)라는 가명으로 많지는 않지만 의미 있는 책들을 저술하였다.

내 남편(막스 베버)과 나는 게오르그 짐멜과 역시 친분을 가지고 있었다. 그는 종종 여행에서 돌아와 사람들과 훌륭한 대화를 나누곤 하였다. 나는 짐멜의 여러 저서들을 공부했는데 그중에서 무엇보다도 나에게 지적 자극과 내적 심화를 가져다주어 늘 감사한 마음을 가지고 있는 일련의 「문화철학(Philosophische Kultur)」이라는 출판물을 좋아하였다. 우리가 짐멜의 생각이 멈춘 그곳으로부터 계속 무엇인가를 펼쳐나가는 것은 쉬운 일이었다. 이를테면 섬세하고 사려 깊은 「여성문화(Weibliche Kultur)」. 짐멜이 그곳으로부터 남성과 여성의 완전한 상이점과 확연한 상극성을 증명하려 했던 것은 나에게 생생한 이의를 불러일으켰다. 이러한 것을 계기로 나의 큰 논문인 「여성과 객관적 문화(Die Frau und die objektive Kultur)」가 탄생되었는데 이 논문에서 나는 여성이 지닌 특성은 삶의 모든 영역에서 여성이 남성과 나누는 보편적이고 인간적인 것을 통해 파악된다는 것을 보여주고자 노력하였다.

게오르그 짐멜은 1912년 내게 그의 깊은 의미가 담긴 책인 「괴테(Goethe)」를 헌정하였다. 그것은 나에게 큰 기쁨이자 영광이었다. 나는 그에게 아주 진심으로 감사하였다. 그러자 그는 다음과 같은 답을 보내 왔다.[3]

사랑하는 친구에게!
저는 그렇게 좋은 일들에 대해서는 꼭 얘기를 해야 합니다. 당신이 내게 보여주는 진심어린 마음과 나를 풍요롭게 하는 당신이 보내주신 사진에 대해 내 조촐한 감사의 뜻을 표시할 길을 찾는다는 것이 내게는 너무나 간단해서 당신이 감사를 받아들이는 방식에 비할 때 부끄럽기만 할 뿐입니다. 그러나 당신은 베풀 때에는 아낌없이 주는 사람이며 나 또한 그것을 거절하고 싶지 않습니다. 이로써 모든 일들이 잘 이루어져 기쁩니다. 본래 서로가 서로에게 기쁨을 선사한다는 것은 극히 드문 일이며 사람들이 세상을 극락으로 만드는 것이 얼마나 쉬운 일인 지. 하지만 그 대신에 그들이 세상을 지옥으로 만들기를 더 좋아

---

3) 여기에 실린 마리안네 베버의 글에는 짐멜이 책을 보내온 것이 1912년이라고 나오지만 단행본 「괴테(Goethe)」는 1913년 라이프치히의 클링크하르트와 비어만 출판사에서 출간되었다. 그 책 첫머리에는 '마리안네 베버여사에게 이 책을 헌정함'이라고 적혀 있다.

하는 것을 상상하는 것은 인생에 있어 가장 견디기 힘든 생각들 중의 하나입니다. 저는 당신이 책을 너무 천천히 읽어 나가지 않을까 염려됩니다. 지금 제가 인쇄물을 넘겨보니 몇 군데 너무 소홀하게 쓴 곳이 발견됩니다. 이것은 여러 가지 체험과 생각들을 모아 놓은 것으로, 아마도 제가 다른 사람들은 다른 체험과 생각들을 가지고 있으며 제가 그 때문에 조금 더 광범위한 접근이 가능했어야 했다는 점에 대해 항상 충분히 고려하지는 못한 것 같습니다. 제가 만약 그로 인해 책이 지닌 중요한 어떤 문화적 효력을 저해했다면 유감스러울 것입니다. 저는 단지 몇 안 되는 사람들만이 괴테를 전체적인 인간으로써, 즉 다시 말하면 그의 개별적인 부분들이 모여 이루어진 하나의 통일된 존재로서 알고 있다는 것을 미리 확인했었어야 합니다. 그가 지닌 부분들만에 대해서는 많은 사람들이 알고 있지요. 그러나 부분들을 모아 놓는다고 해서 완전한 괴테가 되는 것은 아니며, 이는 세부사항들을 초월하여 찾아내야 합니다. 저는 이 책을 거의 알지도 못하는 상태에서 책 내용이 담고 있는 엄청난 보물을 실현시키는 데에 도움이 되고자, 독일 국민을 위해(직접적으로 전 독일 국민을 위한 것은 아니라 하더라도) 이 책을 썼다는 하잘 것 없는 자부심을 가지고 있습니다. 나 스스로에게 이 책은 하나의 결산과 같은 것으로, 지금까지의 개념규정들을 마지막으로 사용한 것입니다. 이제 나는 돛을 바꾸어 달고 가보지 않은 땅을 찾으려 합니다. 물론 항해는 해안에 닿기도 전에 끝나겠지요. 최소한 제게는 직접 선상을 집처럼 꾸며 놓고 결국은 배 자체가 새로운 땅인 듯 생각하는 많은 내 동료들과 같은 일은 내게 일어나지 않기를 바랄 뿐입니다. 우리는 당신과 당신 남편이 한스를 거두어 주셨던 친절함에 깊이 감사드립니다. 한스가 하이델베르크에서 지냈던 시간 동안 당신들에게 갈 수 있었던 것은 큰 행운이었습니다.

내 아내가 전하는 인사와 진심어린 마음을 보내며

당신의 게오르그 짐멜

1914년 초 짐멜가(家)는 슈트라스부룩으로 이주하였다. 드디어 독일의 한 대학이 창조적이고 지적인 한 인간을 그 대학의 정교수로 인정한 것이다. 당시까지 짐멜은 탁월한 수업결과에도 불구하고 아직 정교수 자리를 얻지 못하고 있었다. 막스 베버는 그를 하이델베르그 대학으로 초빙하기 위해 오랫동안 노력하였지만 결국은 수포로 돌아갔다. 이러한 노력이 왜 이루어지지 않았을까? 그가 유대인이기 때문이었을까? 아니면 그가 그의 동료들로부터 파괴적이고 혁신적인 인물로 간주되어 그런 것이었을까? 빈델반트(W. Windelband)는 그 같은 조짐을 하이델베르그 대학학과와 행정당국의 의견서에서 눈치 챌 수 있었다. 짐멜의 나이는 이제 거의 예순이 다 되어 가고 있었다. 슈트라스부룩으로 이사한 다음 짐멜 부인은 다음과 같이 적었다: "이곳 분위기는 아주 좋고, 우리는 아주 편안하며, 꼭 방문객으로 여기 와 있는 것만 같습니다. 나는 베를린에서 얼마 전 50살이 되었습니다. 이제 혼자서 모든 변화를 감당하기는 너무 늦은 것만 같습니다. 우리는 이제 우리가 늘 그래왔듯이 이곳에서 몇 명의 사람들과 함께 비사교적으로 살아가게 될 것입니다. 하지만 여기에서 또한 누군가를 발견하게 될 테지요. 게오르그는 베를린에서 마지막 강의를 마치고 학생들과 이별하는 것을 정말로 힘들어했습니다. 학생들은 인정 많고 진심어린 마음씨를 지니고 있었고, 게오르그는 종종 그들과 어떤 진실한 연관관계를 느꼈던 것입니다. 그것은 삶과 능력과 그의 영향이 완전히 절정에 이른 시기에 이루어진 것이었기 때문에 더욱 힘든 이별이었습니다. 그러나 그로 인해 베를린대학 시절은 더 이상 부서지지 않는, 그리고 그에게는 더 이상 다시 가질 수 없는 전체로 기억됩니다. 당신은 슈트라스부룩을 아시나요? 아무도 우리에게 그곳과 그 주위의 푸른 땅이 얼마나 매혹적인지 말해주지 않았습니다."

그리고 그해 한 여름 세계대전이 발발했다. 두 사람은 분주히 움직였고 비록 눈에 띄는 일은 아니지만 후방에서 자기들이 할 수 있는 그리고 의무적으로 해야 했던 자잘한 일을 찾아 하였다.

1918년 초 게오르그 짐멜은 간암이라는 중병에 걸렸다. 그는 이제 의식적으로 자신의 죽음으로부터 탈출하기 위해 대담하게 행동하며 살았다. 그는 그의 운명에 동의하고 그에게 충만함으로 삶을 즐기게 해주고, 더불어 때맞은 시기에 삶을 이별하게 허락한 신들에게 감사했다. 그는 최후의 순간까지 저술에 몰두하였다. 부부는 이후로 깊은 침묵 속에서 살았다. 어느 날 나는, 나와 남편이 항상 보관하고 있다가 지금은 찾을 수 없는 경이에 찬 이별의 편지를 받았다. 우리는 그 편지를 통해 그가 정말로 진정한 철학자이며 그의 운명을 수긍한 사람이란 것을 알았다. 짐멜 부인은 다음과 같이 적고 있다: "사랑하는 내 귀중한 친구들이여, 오늘 나는 마음 깊이 감사드립니다. 나중에 또 쓰지요. 한 사람의 운명으로는 감당하기 힘든, 아무 것도 더 이상 남은 것이 없는 듯한 사건들로 인해, 심신이 완전히 갈래갈래 찢어진 듯합니다. 당신은 내가 쓰지 않은 것들도 읽을 수 있을 겁니다. 게오르그는 그가 늙은 나이까지 살지 않음으로, 그의 인생에 아주 특별한 축복을 받은 것이라 생각해요. 지난 몇 주간을 그가 체험하지 못한 것은 오히려 더 큰 축복이라 여겨야겠지요."

3. 학문과 직업경력

짐멜은 18세가 되던 해 대학입학자격 시험인 아비투어(Abitur)시험을 마치고, 1876년 여름학기부터 대학에서 학업을 시작하였다. 그는 처음에 변호사가 되기 위해 법학을 공부하다가, 법학을 포기하고 역사학을 공부하기 시작하였다. 이는 그 당시 베를린 대학의 유명한 역사학교수였던 몸젠(Theodor Momsen)의 영향 때문이었다. 그리고 당시 인종심리학(Völkerpsychologie)의 창시자인 슈타인탈(Steinthal)과 라자루스(Lazarus) 아래에서 심리학을, 그리고 마지막으로 철학을 공부하였다. 후에는 개인적으로도 가까이 지냈던 그림(Herman Grimm)으로부터는 예술사를 공부하였다.

1880년에 박사학위를 취득하고, 1883년 여름 짐멜은 베를린대학 철학과에 교수자격 획득을 위한 시험을 보기로 하였다. 그는 시험강의를 위해 3개의 강의 제목을 대학에 제출하였다. 1. 인식의 형이상학적인 근본토대들(Die metaphysischen Grundlagen des Erkennens), 2. 모든 종합의 이상성에 관하여(Über die Idealitt aller Synthesis), 3. 칸트의 물리학적 단자론의 관계들(Die Beziehungen der Physischen Monadologie Kants)이 그것이었다. 학과에서는 첫 번째 제목으로 정하고 시험강의에 들어갔으나, 태도가 불손하다는 이유로 합격하지 못하고 다시 6개월 뒤에 시험을 치루기로 하였다. 1884년 10월 짐멜은 다음과 같은 새로운 주제를 재시험용으로 제출하였다. 1. 칸트의 윤리학 발달사(Zur Entwicklungsgeschichte der Kantischen Ethik), 2. (칸트의) 정언적 명령에 관하여(Über den kategorischen Imperativ), 3. 표상의 사회화에 관한 이론에 대하여(Zur Lehre von der Assoziation der Vorstellungen). 그러나 학과 회의에서는 짐멜에게 세 주제에 대한 제목을 다음과 같이 수정하도록 요청하였다. 1. 비판론이 나타나기 이전 저술의 칸트 윤리학 발전론(Die Entwicklung der Kantischen Ethik in den vorkritischen Schriften) 2. 표상의 사회화에 관한 이론에 대하여(Über die Lehre von der Assoziation der Vorstellungen), 3. 윤리학적 원칙들과 미학적, 논리학적 원칙들의 관계에 대하여(Über die Verhältnisse der ethischen Prinzipien zu den ästhetischen und logischen). 학과에서는 2번째 주제를 공개강의용으로 채택하였고, 짐멜은 교수자격을 획득하게 되었다.

원래 짐멜은 공식적인 첫 강의를 위해 3가지의 주제를 준비하였으나, 그중 하나인 윤리학적 이상과 미학적, 논리학적 이상의 관계에 대하여(Über das Verhältnis des ethischen Ideals zu dem logischen und dem sthetischen)가 짐멜의 청에 의해 받아들여졌다.

짐멜은 교육자로서 훌륭한 결과를 얻었고, 근대성(Modernität)에 대한 그의 절대적 의지로 인하여 곧 베를린 대학의 중심적 인물로 부상하였다. 이미 그의 칸트철학에 관한 첫 공식적인 강의에는 124명의 청강생으로 강의실이 꽉 메워졌으며(1885년 여름학기), 사회학 강의에는 152명(1894년 여름학기) 그리고 그해 1894년에서 1895년으로 넘어가는 겨울학기에 행한 비관주의에 대하여(Über den Pessimismus)라는 강의에는 269명이라는 당시로서는 거의 생각할 수 없는 많은 학생들이 몰려들었다. 이후로는 짐멜에게 큰 강의실이 배당되었다.

그럼에도 불구하고 학부에서 그의 승진을 제안하기까지에는 이상할 정도로 오래 지체되었는데, 이는 짐멜이 그의 가장 가깝고 명망 있는 학과 동료였던 딜타이(W. Dilthey)에게 걸림돌이 되었을 뿐만 아니라, 학부에서 가장 영향력 있는 사람들 중의 하나인 뢰트(Roeth)의 반유태주의, 많은 수강생을 가진 짐멜에 대한 동료들의 시기, 당시 그로 대표되는 새로운 사회학과에 대한 불신 그리고 그의 여러 면에서의 비전통적인 방식들 등이 모두 함께 작용한 결과인 듯하다. 드디어 1898년에 학부에서는 정외교수 임명(그 당시 이것은 아직 박사과정 학생들을 받아들일 수 없는 것을 의미한다. 하지만 급료를 지급받을 수는 있다.)을 교육부에 건의하기로 결정하였으나 거절당하였다. 그에 대한 정확한 이유는 알 수 없었다. 짐멜의 가족들은 교육부의 고위 관리인 알트호프(Althoff)가 짐멜에게 교수직을 약속하였다고 알고 있었다. 그럼에도 불구하고 결국 짐멜은 제외되었는데, 이에 대해 짐멜이 항의하자 공적 약속은 문서로 한다라는 답을 받았다고 한다.

이로써 짐멜은 계속 무보수의 사강사 생활을 하고 있다가, 1908년 하이델베르크대학 철학과의 교수직 자리로 고트하인(Gothein)과 베버에 의해 추천되었다. 모든 것은 거의 성사된 듯하였으나 마지막 단계에서 수포로 돌아가고 말았다. 이는 당시 막강한 영향력을 행사하고 있던 대공작 부인 루이제(Luise von Baden)가 짐멜의 초빙을 반대하였다고 한다. 왜냐하면 짐멜의 종교관은 상대적이고 성경에 관한 믿음이 불충분하다는 것이었다.

아들 한스에 따르면 짐멜은 1890년 중반경 미국 시카고와 클레브랜드 대학의 초빙을 받았으나, 모국어가 아닌 다른 언어로 자신의 철학적 사고를 형상화시킬 수 없다는 이유로 거절하였다고 한다. 그리고 그는 항상 언젠가 한번은 성 페터스부룩이나 모스크바로 가고 싶어 하였지만, 그의 소련 청강생 대부분이 지니고 있었던 혁명적 사상이 소련에서 환영받지 못한 탓에 번번이 좌절당하였다.

그러다 1913년 크리스마스 직전 짐멜은 공식적으로 슈트라스부룩에 초빙되었고, 그해 겨울학기 베를린에서의 마지막 강의를 마친다. 신문들은 짐멜을 슈트라스부룩으로 가게 그냥 둔 베를린 학부와 프로이센 정부에 대한 학생들의 농성에 대해 보도하였다. 어떤 신문은 그의 머리기사를 짐멜 없는 베를린이라고 적기도 하였다. 이에 대해 짐멜은 베를린에 머무는 마지막 한 주 동안 간혹 다음과 같이 스스로 묻고는 하였다: "이 초빙에 응한 것이 정녕 비겁한 것은 아닌가?"

제2장

사회이론4)

---

4) 이 사회이론 부분은 1999년 우리사회연구회에 발표된 논문을 수정 보완한 것임.

□ 사회이론

짐멜의 사회이론은 철학적이고 심리학적이며, 역사학적 학문기반 위에서 이루어졌다. 이러한 여러 분야의 다양한 방법론들이 짐멜에게 사회학적인 지적토대를 제공해 준 것이다. 짐멜이 무엇보다도 특수한 역사적 관계들을 파악하는 데 도움이 되었던 것은, 칸트의 비판주의와 이에 연관된 헤겔식의 역사철학적 사고방법들이었다. 이를테면 역사라는 것은 인식하는 주체로서의 정신적 범주에 알맞게 체험된 사건들의 직접적인 형식화를 의미한다. 이와 더불어 이러한 형식화의 개념은 역사적 인식을 위한 소재나 무정형의 사건을, 형이 지워질 수 있는 역사적인 사건으로 이르게 하는 정신의 형식들로서, 역사의 내용에 대한 이론적 분리를 가능하게 하는 근본이 된다.

이로부터 짐멜은 그의 사회학의 방법적 원칙을 찾게 되는데, 이러한 원칙들이란 인간 상호행위의 기본소재인 내용들이나 목적들, 그리고 욕구들 같은 사회학적인 개념적 추상성 내에서 사회적 결속의 형식들을 분리시키는 것을 이른다.

1. 사회란 무엇인가?

짐멜의 사회이론은 우선 '사회란 어떻게 가능한 것인가?(Wie ist überhaupt Gesellschaft möglich?)'라는 물음으로부터 시작된다. 이것은 사회학에 있어서 근원적인 물음인 동시에 사회학이라는 하나의 독립된 분야를 열어 가려는 짐멜의 첫 시도이기도 하였다. 이러한 물음은 당시 짐멜의 시대에는 매우 중요한 것이었다. 왜냐하면 그 당시의 학문적 경향은 사회학이라는 하나의 명백한 독립된 학문 분야가 있었던 것이 아니라 아직 철학이나 인간학 그리고 심리학의 방법론적인 이론에 편승된 집단에 대한 연구가 대부분이었고 — 이를 일반적으로 사회과학(Sozialwissenschaft)이라 통칭하였다 — 이들로부터 사회학을 하나의 독립된 사회과학으로 만들려는 움직임이 있었다. 그 대표적인 학자로는 짐멜 이외에도 퇴니스, 베버, 한스 프라이어(Hans Freyer, 1887~1969) 등을 들 수 있다.

퇴니스는 사회학의 근본대상을 사회적 결합이나 그의 실체들이라 보고 이러한 기본 입장을 중심으로 사회학을 이론사회학(theoretische Soziologie) 또는 순수사회학(reine Soziologie), 응용사회학(angewandte Soziologie), 경험사회학(empirische Soziologie)으로 나누었다. 순수사회학이란 사회의 대상을 개념적이고 구조적으로 파악하는 것을 말하고 응용사회학이란 이러한 순수사회학적 개념을 통해서 인간과 현대사회의 생성과 발전을 연역적 방법으로 이해하고 설명하려는 것이다. 경험사회학이란 귀납적인 방법론을 통해서 사회를 설명하려는 시도인데 이러한 방법으로는 주로 민속학적이고 민족지적인(volkskundlich - ethnographische Bestrebungen) 방법이 동원된다. 이러한 의미에서 퇴니스는 경험사회학을 사회지(社會誌, Soziographie)라 하였다.

사회적 실체들은 인간이 자신의 의도(Wollen)를 실현시키려는 의지의 결과로 생겨난 것이므로 개인의지의 또 다른 한 종류인 것이다. 이러한 의도 속에는 특정한 목적이 함유되어 있게 마련인데 개인은 자신의 이러한 목적을 실현하기 위한 수단을 집단을 통해 선택할 수 있다. 곧 이 목적을 위해 형성된 집단을 '이익사회(Gesellschaft)'라 정의하고 이러한 목적을 위한 수단을 자유롭게 선택할 수 있다는 의미에서 집단형성의지를 '선택의지(Kürwille)'라 하였다. 이러한 주체의 목적 지향적인 행위는 베버에 있어서 '사회적 행위의 합목적적 지향(zweckrationale Orientierung sozialen Handelns)'으로 발전했으며 현대사회학 행위이론의 기본틀이 되었다.

이에 반해 인간의 본질적인 '본질의지(Wesenwille)'에 의해 형성된 공동체를 '공동사회(Gemeinschaft)'라 하여 이익사회와 구별했는데 공동사회란 개인의 행위가 목적과 수단에 바탕을 두고 이루어지는 것이 아니라 기본적인 인간의 욕구나 감정에 의해 형성된 집단을 말한다. 이 집단 안에서 인간은 자기의 목적을 실현하기보다 구성원 상호 간의 내적인 관계를 더 중히 여기게 된다. 이에 해당하는 대표적인 것으로는 가족과 이웃을 들 수 있다. 이것은 베버에 있어서 감성적이고 전통적이며 가치합리적인 사회적 행위(affektuelle, traditionale und wertrationale Orientierung des sozialen Handelns)에 해당한다. 이러한 퇴니스의 초기 사회학 이론은 매우 심리적이기는 하지만 현대 사회학 이론의 형성에 많은 영향을 미쳤다.

'사회란 어떻게 가능한 것인가?'라는 물음에 대해 짐멜은 사회란 일종의 추상적인 것이라는 데에서 그 해답의 첫 실마리를 찾는다. 하지만 사회가 이러한 추상성을 띠고 있다고 할지라도 우리 삶의 실제적인 목적을 위해서는 필수불가결한 것이고 삶 속의 여러 잠정적 현상들의 파악을 위해서는 가장 효용성이 있는 것이다. 그렇지만 사회라는 것은 사회에 속해 있는 구성원들에게는 전혀 실재적인 대상이 아니다. 그러므로 사람들은 그들의 의미를 사회라는 대상을 통해서가 아니라 사회를 형성하는 다양한 사회적 형식들의 상호작용에 의해 얻는다.(Simmel, 1970: 6) 모든 사람들은 그들의 자발적 의지이든 그렇지 않든 사회의 한 구성원으로 살아갈 수밖에 없다. 이것은 인간의 개인성은 그가 사회적 존재로 머물면서 사회적으로 결합된 여러 형태들 속의 역할을 통해 결정되는 것을 의미한다. 짐멜은 만약 사회학이라는 특별한 학문이 존재한다면 사회라는 개념은 사회적이고 역사적으로 주어진 사건들의 그리고 이러한 것들의 다양한 결합에 의해 일어나는 외적 현상들의 요약이기보다 그 이상의 무엇이어야 한다고 말하고 있다.(1992b: 17) 그렇다면 사회란 짐멜에 있어서 추상적인 것이며 또한 외적 현상들의 집약 이상의 것이어야 한다. 결국 그는 사회란 추상적인 것이라고 규정하고 이러한 추상성을 극복하기 위해 보다 실제적이고 구체적인 사회개념을 제시하고 있다. 이를테면 이러한 사회라는 개념의 분석을 위해 짐멜이 제시한 것은 형식과 내용의 구별이다. 개인의 특정한 충동과 목적에 의해 셀 수 없이 많은 사회의 형식들이 생겨나고 이들의 상호작용에 의해 사회적 결합이 이루어진다. 곧 사회란 이러한 상호관계를 맺고 있는 모든 형식들의 총체인 것이다. 이런 의미에서 짐멜의 사회학을 '형식사회학(Formensoziologie)'이라 부른다.5)

사회란 개인에게 있어서는 무한한 활동공간이다. 짐멜은 이러한 활동공간을 하나의 기하학적인 연결체로 보았다.6) 짐멜에 따르면 다른

---

5) 미국의 사회학자인 아벨(T. Abel)은 짐멜의 형식개념을 개념의 혼란이라 규정하였다. 그는 짐멜의 이러한 형식 사회학적인 구별을 이론과 현실의 일관성 있는 구별도 아니고 또한 사회과학적 인식의 형식과 내용에 대한 명백한 구별도 아니라고 비판하였다.(Schnabel, 1974: 46)

학문보다도 사회학만이 유일하게 인간과 사회 그리고 인간의 관심이 미치는 전반적인 것을 연구하는 학문이다. 사회학은 서로 연관되어 있지 않은 채 독립되어 있는 개별과학들, 이를테면 역사학, 심리학 또는 일반적인 규범을 다루는 여러 개별과학들의 자리에 사회과학으로서 새롭게 자리할 수 있으며 이러한 새로운 사회과학을 통해 모든 인간들의 관심과 내용들 그리고 사회적 결합이라는 구체적 단위로 결속된 사건들이 표현될 수 있다.(Simmel, 1970: 6)

무엇보다도 짐멜은 개인이나 집단 같은 사회라는 개념을 이루는 각 구성요소들의 상호작용을 매우 중요시하였다. '상호작용(Wechselwirkung)' 과 '사회적 결합(Vergesellschaftung)'이라는 두 개념은 그래서 짐멜 사회이론의 핵심적 위치를 차지하게 된다. 짐멜의 관심은 현존하는 다양한 관계들 사이에서 일어나는 현상들인데[7] 그에 따르면 사회는 일종의 사회적 미로(soziales Labyrinth)를 형성한다. 그리고 이 미로 속에서 개인과 집단들은 서로 교차하고 있다. 이러한 사회적 관계들의 구조나 상호연결을 크라카우어(Siegfried Kracauer, 1889~1966)는 '아주 다양한 현상들의 존재적 공속성(Wesenszusammengehörigkeit verschiedenster Phänomene)'으로 보고 짐멜 사회이론의 근본원리로 파악하였다. 그에 따르면 정신적 삶의 모든 표현들은 서로 이름할 수 없는 여러 관계들 속

---

6) 이러한 짐멜의 견해에 대한 더 자세한 설명은 한스 프라이어의 다음 논문을 참고할 것.(Hans Freyer, 1964)

7) 레오폴트 폰 비제(Leopold von Wiese, 1876~1969)는 짐멜의 형식사회학의 영향으로 그의 관계론과 집단형성론(Beziehungs - und Gebildelehre)을 계속 발전시켜 나갔다. 그의 사회적 집단형성이론은 집단과 단체들 사이의 관계와 이들 현상들에 관한 연구이다. 더 자세한 것은 아래를 참조할 것. Über den Unterschied von 'formaler' Soziologie (G. Simmel) und 'Beziehungslehre'(L. v. Wiese), in: P. E. Schnabel(1974), H. Freyer(1964), L. v. Wiese(1966).

에 엉켜 있는데 그중 어느 하나도 다른 것들과 연계를 짓고 있는 결합으로부터 떨어질 수 없다는 것이다.[8]

2. 인식론적 사회발전론

짐멜은 칸트의 인식론을 그의 사회학 이론의 초석으로 삼았다. 이러한 견해는 짐멜 자신이 스스로 말한 바 있는데 그에 따르면 그는 인식론의 연구와 칸트의 학문적 연구로부터 출발하여 역사학과 사회과학 방면으로 나아갔다. 이러한 연구의 첫 결과는 「역사철학의 제 문제들. 인식론적인 연구(Die Probleme der Geschichtsphilosophie. Eine erkenntnistheoretische Studie)」인데 그 근본동기는 마치 자연이 바로 오성의 범주들을 통해 감각적으로 주어진 질료의 형식화인 것처럼 역사라는 것은 단지 학문을 형성하는 정신의 선험성들에 상응하여 일어나는 우리가 직접 경험할 수 있는 사건의 형식화를 의미한다는 데 있다.(Simmel, 1958: 9) 즉 짐멜에 있어서 자연이라는 것은 이성의 감각적 표상이고 역사는 경험적 사건의 형식화인 것이다. 이러한 짐멜의 관념론적인 생각은 당시 그가 속해 있던 시대의 유산이기도 하다. 그도 그 당시의 주요한 학문적 흐름 이를테면 신칸트학파의 영향을 벗어날 수 없었다는 것을 보인다. 그의 정신적 뿌리는 결국 이러한 역사적 상황에 알맞게 칸트의 인식론이 된 것이다.[9]

---

8) Kracauer, Siegfried(1920/21): Georg Simmel, in: Logos, Jg. 9, Tbingen, p.314.

9) 이에 알맞게 짐멜은 그의 박사학위 논문을 「칸트의 물리적 단자론에 따른 질료적 존재(Das Wesen der Materie nach Kants Physischer Monadologie)」에 관해 썼다. 원제: Das Wesen der Materie nach Kants Physischer

이러한 짐멜의 인식론적이고 역사철학적이며 또한 그의 마지막 학문적 귀착지였던 생철학적인 숙고들은 그의 문화사회학(Kultursoziologie)적 기본 방법론과 결부된다. 칸트는 인식의 범주들을 선험적(a priori)[10]으로 간주하였는데 짐멜은 그에 반해 인식과 지식을 진화론적으로 생각하였다.[11] 곧 그에 있어서 인식의 주체는 그가 파악하려는 세계나 사물의 중심에 서 있게 된다. 인간의 인식구조는 인식자의 끝없는 분석과 경험적 검증하에 있는데 이러한 검증은 그 자신 주변의 물질적 정신적 현실과 더불어 일어나게 된다.

짐멜은 그의 인식론에서 인간의 능동적이고 창조적이며 실용적인 근본태도를 강조했다. 즉 그러한 근본적인 인간의 인식에 대한 태도는 인식의 주체로서 그 자신이 자신이 속해 있는 주변세계와 인식으로부터 현실에 이르는 과정까지 매우 능동적인 논쟁을 한다는 것이다. 그리고 이러한 과정을 통해 그 스스로 창조적인 존재가 되며 또한 스스로 진리를 창조하는 것이다. 인식이나 지식은 인간이 인식의 주체자로서 그 스스로를 통한 현실의 형식화에 의해 결정된다. 이러한 모든 세계의 중심에 인간이 서 있고 그 자신이 인식의 주체이면서 또한 동시에 세계의 형상화에 대한 매개자라는 생각은 르네상스 이후 인간사에

Monadologie. Philosophische Dissertation Berlin 1881.

10) 개별적 표상요소들의 결합들을 가능하게 하는 법칙들은 칸트가 표현한 바에 따르면 선험적(a priori)이다. 즉 법칙들은 경험에 의해서 생기는 것이 아니고 오히려 그 법칙은 경험을 지성의 형식들로 완성시키는데 이러한 형식들 속에서 지성은 감각적 소재를 파악하게 된다. 더 자세한 짐멜의 선험적 이론에 관한 것은 다음을 볼 것.(Simmel, 1992d: 149 이하)

11) G. Simmel(1992c), Über eine Beziehung der Selectionslehre zur Erkenntnistheorie, Gesamtausgabe Band 5, Frankfurt a. M., S. 62-74, aus: Archiv für systematische Philosophie, hrsg. von Paul Natrop, I. Bd., 1895, p.34-45.

매우 큰 영향을 미쳤다.

인간이 주체적인 위치에서 세계를 구성할 때 쇼펜하우어(Arthur Schopenhauer, 1788~1860)는 세계를 주체자의 의지와 표상(Die Welt als Wille und Vorstellung)이라고 보았다. 그에 있어서 주체는 곧 모든 것을 인식하지만 어느 것에 의해서도 인식되지 않는 어떤 것이다. 그럼으로써 주체자는 세계의 담지자가 될 수 있는 것이다. 우리 스스로는 우리가 인식하는 한에서 주체이고 우리가 육체적인(körperlich)한에서는 주체가 될 수 없다. 왜냐하면 우리의 육신(Leib)은 이미 객체(Objekt)이기 때문이다. 그러므로 세계는 우리의 표상(Vorstellung)이며 이러한 객체화된 자신의 의지(Wille)일 수밖에 없는 것이다.[12]

짐멜의 문화사회학에 있어서 주체는 '주관적 문화(subjektive Kultur)'라고 할 수 있고 객체는 '객관적 문화(objektive Kultur)'에 해당한다. 자신의 인식에 의해서 창조된 문화를 통해 주체로서의 인간은 다시 계몽되고 발전하며 그 발전된 인간정신은 새로운 문화를 창조할 수 있는 것이다.

우리의 인식은 사물의 외적인 관찰을 통해서 마치 빈 통속으로 무엇이 들어와 채워지듯 우리 속으로 들어와 자리하는 것이 아니라 그것은 우리가 기도하는 우리 내면의 과정들이라는 것 그로 인해 인식은 모든 법칙들 조건들 그리고 전제들 아래 놓이게 되는데 이러한 법칙이나 조건들 그리고 전제들에 의해 우리의 정신은 사물을 파악할 수 있게 된다. 칸트 스스로는 이러한 생각을 자연과[13] 그에 대한 하나의 인위적인 제한에 적용했을 뿐이지만 정신과학에서는 막대한 영

---

12) A. Schopenhauer, Die Welt als Wille und Vorstellung, 4 Bcher und Anhang: Kritik der Kantischen Phiosophie, 1819(초판)

13) 더 자세한 것은 G. Simmel(1992b), 42쪽 이하를 볼 것.

향을 미칠 수 있는 것이다.

짐멜은 인식과정의 내용을 파악하는 데 있어서는 칸트와 확연히 다른 입장을 취한다. 즉 선험적 인식에 있어서 순수한 이성의 활성이 과대평가된 칸트의 합리주의(Rationalismus)에 반해 짐멜은 의식과 정신, 존재와 체험에 의해 파생된 전체성(Totalität)을 제안한다. 합리주의와 현실의 감각적 체험은 짐멜의 인식론적인 생각 속에서 서로 묶여져 있는 것이다.[14] 하지만 짐멜에게는 칸트의 초월적이며 논리학적인 선험론보다 경험심리학적인 선험론이 더 우선한다. 짐멜은 인식이란 단지 우리 정신적 능력의 전체성에 의해 파악되어야 한다고 하는데 이런 전체성에 의해서 총체적 인간으로서의 개인은 인식의 범위 내에서 사물에 반응하는 것이다. 그러므로 인식이라는 것은 주어진 형식의 활성들(선험), 곧 개인의 단위 같은 일차적인 삶의 경험에 의해서 유추되어야 하지 그들의 단면들이나 지적인 힘들에 근원하는 것은 아니다.[15] 이를테면 어떤 지적인 힘들에 의해서 인식의 내용들이 조작되어서는 안 된다는 것이다.

어떤 것에 대한 인식을 통해 일어나는 행위의 본질은 짐멜 철학의 선두에 서 있다. 이러한 생각을 바탕으로 하여 짐멜은 인식론에 바탕을 둔 문화학적인 대상의 영역을 개인의 행위와 결부시킨다. 인간이 더 잘 행위하고 더 나은 생활을 하기 위해서는 더 많이 알아야 한다. 왜냐하면 인식이란 어떤 행위를 수행하는 데 항상 함께 머물지만 행

14) Kauffmann, Manfred(1990), Struktur und Dynamik sozialer Prozesse: mikrosoziologische Aspekte der Kulturentwicklung bei Georg Simmel, München, p.25.

15) Antonius M. Bevers(1985), Dynamik der Formen bei Georg Simmel. Eine Studie über die Methode und theoretische Einheit eines Gesamtwerkes, Berlin, p.49.

위 그 자체로는 어떤 가치의 척도를 스스로 가질 수 없기 때문이다. 즉 이러한 가치의 척도는 인간이 행위할 때 더불어 지식이 우리에게 제공하는 어떤 것들에 의해 추론되어야 한다. 이러한 기본 입장은 짐멜을 이해하는 데 매우 중요한데 이러한 기본적인 이해 없이 짐멜의 저서들을 이해한다는 것은 어렵다.

인식론과 관련된 짐멜의 사회학은 아래와 같은 몇 가지 단계를 거쳐 이루어졌다 볼 수 있다.

1) 우선 행위(Handeln)란 — 소크라테스(BC. 469 – 399)가 그렇게 요청 했듯이 — '오성에 준하는 지식(verstandesmäßiges Wissen)'[16]에 의해서 조정되어야 하며 더구나 그것은 윤리적(sittlich)이고 정치적인 영역뿐만 아니라 수공이나 기술적 영역에 있어서도 마찬가지다. 짐멜은 그의 행위이론을 세우는 과정에서 소크라테스와 플라톤(Platon, BC. 427 – 347)으로부터 실용적인 원리를 발견하게 된다. 2) 짐멜에 따르면 고대 그리스인들에게 행위란 '본질적이고 직관적인 인식'에 그들 스스로를 순응하게 하는 것이었다. 곧 이러한 생각에 따라 고대 그리스인들의 표상은 그들 자신이 세운 모델과 더불어 '하나의 완전한 형상'[17]처럼 그들이 내세운 대상과 일치하게 될 때 실제적 행위로 간주되었던 것이다. 이러한 소크라테스적 사고는 그 이후의 철학적인 인식론에 특히 스피노자(Baruch de Spinoza, 1623~1677)와 칸트에 많은 영향을 미쳤다. 스피노자의 인식론은 표상의 획득으로부터 시작된다. 감각은 우리의 영혼 속에 표상을 형성하는데 이 표상은 스피노자가 나눈 인식의 세 단계 중에 가장 낮은 단계에 속한다. 이때의 표상은 감각으로부터 생긴 표상(imagination)과 듣고 말함으로부터 생기는 표상(opinio)

---

16) G. Simmel(1913a), p.105.
17) *Ibid.*, p.106.

을 포함하고 있다.[18] 진리란 감각들(sensationes 또는 perceptiones)을 기초로 하여 생긴 표상들과의 일치로부터 나온 결과인 것이다. 3) 주체적 일방성들로부터 독립해 있는 객관성(Objektivität)에 대한 요구는 플라톤에 있어서 진리가 인식을 항상 배제하지는 않으며 변화된 형식으로 제공되기도 하는 일종의 신빙성 있게 머무르는 그 어떤 것이어야만 한다는 것을 명백히 의미한다. 이러한 조건에 상응하는 대상들을 플라톤은 '이데아들(Ideen)'이라 명명하였다. 4) 짐멜의 관점에 의하면 이러한 이데아들(Ideen)은 한편으로 막스 베버의 이념형들(Idealtypen)처럼 사고의 도구로 쓰일 목적으로 인간에 의해 창조된 이를테면 그렇게 요청되는 구성체들(Gebilde)이다. 하지만 그것은 더 이상 현실적으로는 존재하지 않는다. 다른 한편으로 이러한 이데아들은 진리의 존재를 파악할 목적을 위해 쓰인다. 즉 이러한 진리라는 것은 인간이 그들을 통찰하던 그렇지 않던 독립적으로 반드시 있어야 하는 것이다. 짐멜에 있어서는 하지만 이데아의 세계가 인간적 형식화의 결과로 판단되었고 또 한편으로는 그러한 이데아의 세계가 객관적 진리로 이르는 통로를 열 수 있는 무엇이기를 기대한 것이었다. 이러한 면에서 짐멜의 인식론은 스스로의 모순 속에 머문다. 5) 한편으로 합리적 개념화와 다른 한편으로 감각적인 지각(Wahrnehmung)은 객체로부터 대상으로 이르는 두 개의 서로 다른 종류들— 형이상학이 이데아를 가지고 물리학이 경험을 가지듯이 —을 가지는 것이 아니고 둘은 서로 일치하면서 구체적이고 직관적인 세계와 연관을 맺고 있다. 짐멜은 이러한 칸트의 인식론을 따랐다. 즉 인간은 경험에 의해 생긴 대상들을 플라톤처럼 양편 즉 경험의 세계와 이상의 두 세계로 나누는 것이 아니라 그가 경험한 감각적 세계 내에 들어가 그 속에 머무는 것이다. 이것은 경

---

18) Friedlein, Curt(1980), Geschihte der Philosophie, Berlin, p.142 이하.

험과학으로서의 사회학이 생각할 수 없는 인식론적인 요청(Postulat)인 것이다. 6) 짐멜에 있어서 새로운 것에 대한 인식은 지적인 반영에 의해서가 아니라 생동적인 체험에 의해서 이루어진다. 7) 대상을 통한 경험들은 그들이 인간에 의해 일종의 특정한 형식으로 형성된다면 인식화될 수 있다. 8) 예술, 종교 그리고 놀이들은 이를테면 하나의 형식화 과정 속에서 그들 삶의 공동적 경험영역에게 객관적인 형상을 부여해 주는 특별한 방법을 통해서 과학과 서로 경쟁할 수 있다. 주체는 그 속에서 다시 찾아져야 하고 그 자신의 문화와 일치될 수 있어야 한다. 그런 다음에 창조된 형식은 신빙성 있고 또 진실한 것으로 간주될 수 있다. 9) 주체의 관심들은 행위를 넘어 인식의 과정 속으로 흘러들어 오기 때문에 짐멜은 칸트적 구조의 주된 관심을 사고(Denken)가 아닌 의도(Wollen)라고 보고 있다. 즉 인식자의 의도가 덜 작용하는 곳에서는 적은 인식의 결과가 나온다고 짐멜은 생각하였다. 칸트와 연관지어 볼 때 짐멜의 인식에 대한 전제조건 중의 하나는 곧 인식자의 사고가 관심에 종속되어 있다는 것이다. 이러한 것은 훗날 지식사회학(Wissenssoziologie)의 주된 테마가 되었다.

문화과학에 있어서 과학적 인식에 대한 연구방향은 이러한 행위에 대한 연구이다. 가시적일 수 있는 객체적 사실들뿐만 아니라 동기들이나, 행위에 대한 표상들(Vorstellungen der Handlungen), 그리고 그들에 대한 의미와 가치의 관계들이 문화학에서는 연구되어야 한다. 짐멜에게 있어서는 과학으로서의 역사학과 사회학이 형태를 형성하는 과정하에 종속되어 있다. 역사학은 개인의 활동적이거나 어떤 의미와 연관된 행위를 통해 생겨난다. 그것은 곧 살아 있는 감정들과 표상들 또는 개인의 생각들과 결부된 행위들을 통해 계속 발전되어 나가는 것이다. 이러한 행위들은 관심, 사고, 표상 등에 기인한다. 그를 통하여 역사는 이해될 수 있고 고찰자에게는 역사가 의미 있게 존재하게 된다. 왜냐하면 인간의 행위들은 원칙적으로 각기 다른 인간적 존재를 통해 완성되는 것이고 역사는 바로 이러한 인간의 역사이기 때문이다. 역사는 행위자의 의미체계와 연관된 과정이지 서로 무의미하게 분리된 사건들의 기계적 연속이 아니다. 행위와 결부된 이러한 의미의 재구성들이 문화과학의 지향점이 되어야 한다.[19] 역사적 진실이란 단순한 재구성이 아니라 내적인 모방으로서 이미 부여된 그의 소재가 아직 그 자체 내에 지니고 있지 않은 무엇인가를 만드는 일종의 정신적인 활성이다. 더 자세히 말하면 이는 소재가 지닌 개별성들의 간결한 개요를 통해서뿐만 아니라 정신적인 활성이 소재에 대해 스스로 의문 곧 개체적인 것이 하나의 의미로 포괄되는 것에 대한 질문을 제기함으로써 이루어진다.[20]

인간의 행위를 이해한다는 것은 일반적으로 사회적 현실의 한 근본현상을 이해한다는 것을 의미한다. 이 현실은 그러나 경험될 수 없는 것이다. 이는(인식의 주체 그 자체처럼) 사회적으로 조직되어 있는 것이다. 이와 같이 이해되는 현실은 여러 서로 다른 입장들과 상호작용의 연관관계에서 볼 때 항상 단지 조망적으로 고찰할 때에만 경험가능한 것이다. 이 현실은 주관적으로도 객관적으로도 인간에게 부여되지 않는 것이다. 즉 이는 교차되고 변화되는 그리고 서로 상호작용하는 개인들에 의해 조직적으로 결합된 관점의 상대성(Relativität)에 의하여 결정된다.

짐멜은 '이해한다는 것(Verstehen)'을 여러 가지 형태로 구분한다.

---

19) M. Kauffman(1990), 250 이하.
20) G. Simmel(1907), Die Probleme der Geschichtesphilosophie, 3. Aufl. Leipzig, p.42 이하.

우선 짐멜은 이해의 개념과 인간의 영혼이 지닌 능력 즉 자신 속으로 흘러들어 오는 어떤 것을 수용할 수 있는 능력을 연관짓는다. 여기에 서는 오히려 이해의 개념이 심리학적 지향점과 밀접해 있다. 즉 이는 피관찰자 내에서 일어나는 사건들의 동기를 모방하는 것으로 모든 사 람들이 타인의 특정한 느낌(Gefühl)과 감정(Empfindungen)들을 스스 로 경험함으로써 그는 잠재적 행위와 동기들을 스스로의 내부에서 다 시 느끼게 된다. 이러한 것을 짐멜은 사람들 사이의 결속의 상징으로 받아들였다. 타인을 이해한다는 것은 외적인 것의 인지를 초월할 때에 비로소 가능한 것이다. 왜냐하면 인간은 또한 그의 몸짓과 얼굴표정을 통해서 항상 내적인 의사소통을 하기 때문이다. 우선 외적으로 의미가 부여된 즉 개인에게 영적으로 동기가 부여된 겉모습과 행위들을 경우 에 따라서는 그들에게 부가된 구체적인 겉모습들을 통하여 일어나는 영적인 사건들을 이해하는 것이 중요하다.[21]

짐멜은 이로써 투사론(Projektionsthese: 스스로의 자아의 태도는 타인의 태도에 투영된다는 논제)을 초월하여 이해라는 개념에 대한 기본구상을 이끌어낸다. 우리는 우리 스스로가 경험하지 못한 것을 타 인의 체험을 통해 체험할 수 있는 능력을 가지고 있다. 이렇게 타인들 을 직접적으로 이해할 수 있다는 것을 짐멜은 근본적인 문화현상으로 인식하였다. 짐멜에게는 이러한 이해를 통해서 의미의 체계들, 행위자 들의 동기가 파악되고 서로 연관된 세부의 것들이 상호 결합된다. 문 화과학은 이해의 인식론적인 기능을 통하여 역사적인 현실을 파악가 능하게 한다.[22]

현실의 반영은 현실 자체와 결코 일치하지를 않으며 항상 현실에

---

21) G. Simmel(1918a), Vom Wesen des historischen Verstehens, Berlin, p.4.
22) M. Kauffmann(1990), p.27 이하.

대해 특정한 거리를 유지함으로써 구별된다. 모든 인식은 스스로의 원칙들과 수단들을 통하여 새로운 언어로 직접 부여된 전환과정의 결과이다. 직접 경험된 것과 인식을 위해 형식화된 것 사이에는 인식의 원초적 형태로서의 이해라는 것이 놓여 있다. 현실을 인식한다는 것은 특정한 시대를 선험적으로 구성된 체계 내에서 심리학적, 논리적 혹은 역사적 순차의 형식으로 이미 이해하고 있다는 것을 의미한다.

3. 인식론에 대한 진화론의 위치

1895년 짐멜은 파울 나트롭(Paul Natrop)에 의해 발행된 「체계적인 철학을 위한 자료(Archiv für systematische Philosophie)」라는 잡지에 「인식론에 대한 진화론의 관계에 관하여(Über eine Beziehung der Selectionslehre zur Erkenntnistheorie)」[23]를 발표하였다. 실용주의(Pragmatismus)[24]의 원리들에 대한 그의 견해를 밝힌 이 글의 서문에는 아주 간략하게 짐멜이 관심을 쏟은 주요 문제들이 포함되어 있다. 그는 다음과 같이 그의 실용주의적 생각을 적었다. 인간의 인식이 삶을 유지하고 삶을 더욱 복되게 하려는 실제적인 필요성들에 의해서 기원되었다는 추측은 이미 오래전부터 이야기되어 왔다.[25]

---

23) G. Simmel(1992c), Über eine Beziehung der Selectionslehre zur Erkenntnistheorie, Gesamtausgabe Band 5, Frankfurt a. M., S.62-74, aus: Archiv für systematische Philosophie, hrsg. von Paul Natrop, Bd. I, 1895, pp.34-45.

24) 여기서 언급되는 실용주의란 짐멜에게 있어서 그의 인식론의 기본토대로서 인식의 유용성을 의미한다.

25) Simmel, 1992c, p.62.

짐멜은 주체와 객체 간의 긴장상태를 자신의 이론적 작업의 큰 일반주제로 삼았다. 그는 우선 주체와 객체를 문화이론의 형성을 위한 전제조건으로 택하였지만 세부적인 면에서는 이들을 여러 학파들에 의해 이론형성의 기본범주로 다루어진 인식의 이론적인 범주 내에만 국한시켜 연구하였다. 당시의 여러 학파들은 객관적인 진리가 어떻게 생성되는가에 대해 서로 다른 견해들을 보였다: 현실주의(Realismus)는 인식을 절대적인 현실성(absolute Realität)이 직접적으로 수용되고 반영되는 것으로 이해하였고 이상주의자들은 진리가 선험적 사고의 형식들(apriorische Denkformen)에 의해 결정된다고 생각하였다.[26] 이에 비추어 볼 때 짐멜에게 있어 인식이란 삶을 유지하고 삶을 복되게 하려는 실용적 필요성에 의해 발원된 것으로 받아들여졌다. 즉 그는 객관적인 진리에 관련된 사회학적인 선상에서 인식의 위치를 찾으려 노력하였다. 이로 미루어 볼 때 짐멜은 각양각색의 학파들이 이론을 제공한 현실주의의 견해를 따른 것을 알 수 있다.

만일 내부로부터 요구되는 유용성(Nützlichkeit)과 순수 심리학적인 법칙들만이 사고를 형성하는 독점적인 요소들이라면 적어도 항상 똑같은 결과들을 상상함이 가능하고 또 어떻게 진리가 현실에 객관적으로 반영될 수 있는가가 설명될 수 있어야 한다.[27] 파악될 수 있고 현실화가 가능한 것들은 즉 유용성에 기초하여 파악되고 현실화된다.[28] 이러한 유용성은 주체의 실질적 관심에 의해 객관적인 진리가 영향을 받지 않는다는 것을 전제로 한다.[29]

---

26) *Ibid.*
27) *Ibid.*, p.63.
28) *Ibid.*, p.62.
29) *Ibid.*

짐멜이 그의 논문에서 인식론과 연관짓고자 한 다윈의 진화론은 바로 객관적 진리의 내용들과 그의 성립배경을 설명할 수 있어야 함을 전제한다. 오로지 진실한 사고만이 삶을 보장하는 행위의 근본토대라면 진리를 상상하는 일 또한 근육을 키우듯 훈련을 통해서 가능해져야 하기 때문이다.[30]

짐멜은 우리가 만약 진화론적인 가설을 따른다면 주체가 현실적 삶을 추구할 경우 의식적이든 무의식적이든 동시에 주체의 건너편에 객관적 현실이 자리하여 서로 대립하게 되는 주체와 객체 간의 긴장(Subjekt-Objekt-Spannung)이 발생됨을 알아내었다. 이러한 긴장상태는 바로 진화의 과정에서 파생된다. 만일 자신의 이익을 추구하는 주체나 개인을 초월하는 효력을 지닌 객관적 사실들의 존재가 유일한 진행질서(Verlaufsordnung)의 결과들이라면 그 자체 내에서 주체와 객체 간의 긴장상태를 극복할 수 있는 원인을 찾아낼 수 있어야 할 것이다. 진화론적인 진행질서를 상상하는 것은 플라톤에게 있어 '이데아의 제국(Das Reich der Ideen)'[31]이 그러하듯 주체와 객체 사이를 잇는 다리의 역할을 한다. 짐멜은 이러한 생각을 다음과 같이 기술하였다[32] : "이러한 승인할 만한 가설에 대해 나는 우선 이 가설 내에 포함된 실제적인 생물적 욕구들과 그 상대편에 자리한 객관적으로 인식 가능한 세계라는 이원론을 위해 어떤 통일된 원리를 찾아냄이 가능한가, 또한 인식의 토대 위에서야 관련을 지을 수 있다고 하는 외

---

30) *Ibid.*, p.63.
31) 플라톤의 신화적인 파악에 의하면 이데아는 천계 저편에 있는 것으로, 이 장소는 항성계 저편에 있다. 이것은 나중에 이데아의 제국(Empyreum)으로 명명되었다. 더 자세한 것은 Curt Friedlein(1980) : Geschichte der Philosophie, p.48을 볼 것.
32) H.-J. Helle(1988), p.66.

적 현실성과 주체적 유용성이라는 각자 별개의 서로 다른 요소들이 이미 그 근원에서는 어느 교점을 지니고 있지 않는가 하는 데에 대해 의문을 표시하고 싶다."[33]

짐멜은 표상과 행위자 간의 관계를 인식론적 토대 위에서 분석하고자 시도한다. 그는 말하기를 만일 표상이 철두철미하게 정신적 기관들의 특수한 에너지에 의해서 결정되고 사물 자체 내에서는 만들어지지 않는다면 행위란 정신적 기관들과 밀접한 관계를 가지고 있다고 볼 수 있다. 왜냐하면 우리는 행위 안에서 객체의 현실성에 대한 특정한 관계를 획득하게 되는데 객체의 현실성이란 주체적 표상의 형식을 통해서만 인식 속에서 우리에게 나타나는 것을 말한다. 우리는 의도와 행위 내에서는 스스로 물자체(Ding an sich)이며, 혹은 스스로 현상의 영역으로 편입될 수 있다고 표현될 수 있다. 물론 우리가 행위를 할 때 현실 자체를 함께 결정하고 그 현실은 다시 우리에게 현상의 대상이 되어 소급효과를 가져오는 한 다른 사물과는 상대적으로 구분이 된다. 어떻든 완전히 동일한 의미는 아니지만 세계는 표상으로서의 우리에게 현상으로 나타나는 것처럼 행위의 주체로서의 우리에게도 하나의 현상인 것이다.[34]

그리고 짐멜은 그에게 방법론의 토대를 제공한 칸트의 일련의 사상에 대해 세세하게 언급한다.

만일 칸트가 존재를 하나의 표상으로 파악함으로써 표상과 존재의 이원론을 지양했다면 여기에서 완성된 단일화는 한 단계 더 심오하게 발전된 것이다: 어떻게 세계가 우리에게 논리적 – 이론적으로 존재할 수 있는가에 대한 현상으로서의 세계(Welt als Erscheinung)와 우리

---

33) G. Simmel(1992c), p.63.
34) *Ibid.*, p.69 이하.

의 실제 행위에 대한 반동으로 나타나는 현실성으로서의 세계(Welt als Realität) 간의 이원론은 표상으로서의 세계(Welt als Vorstellung)를 창조하는 실제작용이나 그 반작용들에 의해 결정되는 사고의 형식들 또한 우리의 신체적 구성들과는 달리 정신적인 구성이 진화론적인 필요성에 따라 형식화된다는 것을 통해서 지양된다. 그리고 이와 연관 지어 우리는 칸트의 사상을 다음과 같이 한 문장으로 요약하는 것이 가능하다: 인식이 가능하다는 것은 동시에 인식의 대상들이 창조된다는 것이며 이로써 인식의 유용성이 동시에 우리에게 인식의 대상들을 창조해낸다는 이론이 성립된다.[35)]

4. 사회의 개념

짐멜은 '사회란 무엇인가?' '개인은 무엇인가?' '개인들 간의 심리적인 상호작용은 어떻게 가능한 것인가?' 하는 물음들을 사회학의 근본 과제로 생각하였다. 만일 개인이 한 집단의 구성원으로 존재하고 집단들이 서로 교류를 갖는다는 전제하에서 집단 내 정해진 행위의 규칙을 찾아내고 인간의 공존형식들을 기술하는 것을 사회학의 과제로 삼는 경우 이러한 대상들이 지닌 복잡성은 인식론 내에서 서로 연관된 형이상학, 심리학과 사회학이라는 학문을 나란히 병립시킴이 가능해지는 결과를 가져온다.[36)]

곧 짐멜은 사회를 상호작용들의 결과로 이루어진 대단히 복잡한 형식으로 파악한다. 즉 사회를 하나의 생동하는 단위로 이해하고 인식론

---

35) *Ibid.*, p.74.
36) G. Simmel(1989), p.118.

을 매개로 하여 이를 설명한다. 사회학을 그는 특히 자연과학 중에서
도 천문학에 비유한다. 전체로서 하늘에 떠 있는 별은 천문학적 인식
의 대상이 될 수 없으며 이는 단지 연구 대상 즉 모든 세세한 대상들
을 표현하는 전문성이 없는 집합개념일 뿐이라는 것이다. 이에 반해
사회는 전체로서 이해가 가능한 고유한 현실성을 지니고 있고 개별적
인 것들의 합계 이상이라는 것을 사회학자들은 보일 수 있어야 한다고
말한다. 그래서 짐멜은 사회를 단지 우리가 관찰방법 내에서 일어나는
고유한 현실성들(Realitäten)인 각각의 것들만을 종합해 놓은 것이라
고 가정하면 이 각개의 것들과 이들의 상태 또한 하나의 고유한 학문
적 대상이 될 수 있으며 사회의 개념은 사라지게 된다[37]고 주장한다.

　위에서 말한 바와 같이 짐멜은 사회를 인식론적으로 분석하기 위한
전제로 우선 사회란 하나의 추상(Abstraktion)이며 사회적 결합의 대
상이라는 점을 들고 있다. 이러한 전제하에서 보면 사회는 개인들의
목적달성을 위해 필요불가결한 것이며 일시적인 현상들을 종합하기 위
해서 아주 유용한 것이다. 이러한 견해에서 출발하여 짐멜은 사회라는
개념규정을 위해 칸트의 인식론을 도입하고 발전시킨다. 칸트는 '본성
이란 어떻게 가능한가?(Wie ist Natur möglich?)'라는 물음을 인식론
적으로 설명하려고 시도하였고 그에 따르면 본성이란 인식자에게는 단
지 본성에 대한 내적 표상에 불과하다고 보았다.[38] 하지만 이것이 곧
'세계는 단지 나의 표상이다'라거나 인간에 의해 인지된 내용의 한계
내에서만 본성에 관한 토의가 가능하다는 의미는 아니다. 오히려 우리
가 본성이라 명명하는 것은 우리의 지성이나 감성이 지각한 것을 조립

37) G. Simmel(1992b): Soziologie. Untersuchung über die Formen der
　　Vergesellschaftung, Gesamtausgabe Band 2, Frankfurt a. M., p.42.

38) Ibid.

하고 배열하며 형식화하는 특별한 방법을 의미한다. 이와는 달리 외적
인 세계로서의 사회는 의식의 활동에 주목된 '나의 표상'인 것이다.[39]

칸트는 '본성이란 어떻게 가능한가?'라는 물음에 대답하기 위하여
우리의 지성이 결정하는 형태들이 어떠한 것인지를 찾아내었다. 왜냐
하면 본성은 지적인 활동 내에서만 생성된다고 그는 주장했기 때문이
다. 이에 따르면 본성은 정신의 활동이고 사회는 곧 의식의 활동이라
는 결론이 도출된다.[40] 칸트에 있어 본성은 인식의 한 특정한 방식이
며 우리 인식의 범주들에 의해 그리고 그 범주들 내에서 이루어진 하
나의 상(Bild)이다. 어떻게 본성이 가능한가 즉 다시 말하면 본성이
존재할 수 있기 위해서는 어떠한 조건들이 선행되어야 하는가 하는
물음이 그에게는 우리의 지성을 결정하고 그와 더불어 본성을 본성으
로 완성되게 하는 형식들을 찾아냄으로 해결된다.[41]

이와 더불어 사회적 결합들에 대한 조건들이나 형식들에 관한 연구
는 짐멜의 잘 알려진 저서 사회학의 첫 장에 자세하게 다루어져 있다.
그중의 한 부분을 발췌해 보면 다음과 같다. 사회적으로 결속되어 있
으면서 사실을 의미하는 그러면서 비추상적이나 추상적으로 표현이 가
능한 개인에게는 상호작용의 과정들이 중요한 요소로 작용한다. 의식
이 형성되기 위해서는 어떠한 형식들이 기저에 놓여져 있어야 하며 또
한 어떤 특수한 인간의 범주들이 그와 동시에 수반되어야 하는데 이것
은 그로 인해 형성된 의식이 지적 사실로서의 사회라는 다양한 형식이
기 때문이다. 이러한 것을 우리는 '사회인식론(Erkenntnistheorie der
Gesellschaft)'이라 명명할 수 있다. 나는(짐멜) 이제 선험적으로 작용

---

39) *Ibid.*, p.44.
40) 특히 G. Simmel(1992a): p.42-44를 볼 것.
41) G. Simmel(1992a): p.43.

하는 조건들 혹은 사회적 결속형태들 중의 몇 가지를―물론 칸트가 제시한 범주들처럼 한마디로 명명할 수는 없지만―상술한 연구의 용례로 묘사해 보려 한다.[42] 아래의 세 용례는[43] 짐멜이 나열한 사회적 결속의 형태들이며 이른바 그의 세 사회학적 선험들(drei soziologische Aprioris)이다.

1) 한 사람이 개인적인 접촉을 통해 다른 사람으로부터 획득하는 상(Bild)[44]은 변화 없이 수용된 현실의 반영이 아니라 특정한 방식으로 구성된 것이다. 이는 이론의 여지없이 타인의 개인성을 완전히 안다는 것이 우리에게 불가능하다[45]는 사실로부터 나온 결과이다.

2) 경험적 사회를 이루기 위해 주체들이 스스로를 그리고 주체들

---

42) *Ibid.*, p.47.

43) 베버스(A. Bevers)는 짐멜의 사회에 관한 탐구가 소위 세 가지 사회학적인 선험들 또는 조건들(drei soziologische Aprioris oder Bedingungen)에서부터 출발한다고 요약한다. 유형의 형성들(Typenkonstruktionen)에 관한 첫 번째 선험은 미드(G. H. Mead)의 '타인의 역할획득(taking the role of the other)', 뒤르껭(E. Durkheim)의 '집단적 표현(reprsentations collectives)', 슛츠(A. Schütz)의 '전형화(typification)' 등의 개념들, 그리고 인간은 개인이며 동시에 사회적인 존재라는 이원적(homo duplex) 체험에 관련된 두 번째 선험에 대한 그의 해설은 후에 역할이론(Rollentheorie)과 특히 다렌도르프(R. Dahrendorf)의 사회적인 존재로서의 인간(homo sociologicus)에서 연구된 여러 가지 주제들을 이미 내포하고 있다. 사회를 가능하게 하고 짐멜이 보편가치(Allgemeinheitswert)라 표현한 세 번째 선험은 개인에게 삶을 영위할 수 있게 하는 즉 그 스스로를 위해서 또한 그의 고유한 능력들을 위해 자리나 기능을 사회에서 이용할 수 있다는 전제 내에 그 본질이 놓여 있다. In: *Bevers, Antonius M.*(1985): Dynamik der Formen bei Georg Simmel. Eine Studie über die Methode und theoretische Einheit eines Gesamtwerkes, Berlin.

44) *Ibid.*, p.47.

45) *Ibid.*, p.48.

서로가 서로를 탐지하는 데에 쓰이는 다른 하나의 범주는 다음과 같
은 통속적으로 보이는 문장으로 표현된다: 한 집단을 이루는 각각의
요소는 사회의 한 부분일 뿐만 아니라 또한 그 이외의 어떤 것
(Etwas)이다.[46] 이에 의한다면 사회적으로 결속되어 있다는 것이 결
코 전체적인 것으로 변모되어서는 안 된다. 개인은 사회적인 것에 전
념하기 이전에 항상 어느 정도는 거리를 두고 사회적인 것과 간격을
유지해야 한다. 짐멜은 이를 무척 세분되고 역동적인 것으로 보아서
두 부분에서 일어나는 관계의 다양한 변화를 상상하였고 개별적인 것
들에 대해 다음과 같이 언급하였다: 이러한 관계들이 사회적으로 결
속되는 방식은 그가 어떻게 사회적으로 결속되어 있지 않은가 하는
방식에 의해 결정되거나 혹은 영향을 받는다.[47] 3) 사회는 상이한 요
소들이 모여 이루어진 구성체(Gebilde)이다. 왜냐하면 개인의 성격들
이나 삶의 내용들 그리고 운명에 의거해 보면 인간의 동질성은 결코
문제시될 수 없지만 민주주의나 사회주의적 경향들에 의해 평등을 추
구하고 부분적으로 그것이 이루어지는 곳에서는 개인이나 그들이 지
닌 개별적 능력들과 위치들의 등가만이 중요시된다.[48] 이렇게 본다면
이질성 내에는 협동을 위한 어떤 전제요건이 내포되어 있다. 짐멜이
의도하는 선험이란 모든 개인은 사회 안에서 자신의 위치를 발견할
수 있으며 그가 점한 관념적인 이러한 위치는 현실적으로 사회전체
내에 존재하고 있다는 가정이다-이는 개인이 사회 내에서 그의 사회
적 삶을 영위하기 위한 전제조건이며 더불어 개인성의 보편가치로 묘
사될 수 있다.[49] 이러한 선험은 직업이라는 범주로 통하지만 그렇다

---

46) *Ibid.*, p.50 이하.
47) *Ibid.*, p.51.
48) *Ibid.*, p.57.

고 생업의 세계와 일치하는 것은 당연히 아니다.

이러한 사회적 선험들에 관하여 짐멜이 논증한 것들은 결코 규범적인 위상을 지니지는 않는다. 그는 즉 이러한 선험들이 경험적으로 주어져야 한다고 요구하거나 선험들이 곧 경험적으로 주어져 있다고 주장하지 않는다. 만일 특수한 경우에 선험적으로 명명된 조건이 충족되지 않았다면 이 경우에 해당하는 개인은 곧 사회적으로 결속되어 있지 못한 것이다. 다시 말해 이러한 개인은 사회 속으로 통합될 수 없는 것이다. 하지만 단지 사회전체를 놓고 볼 때는 그러한 개인도 사회와의 결속이 가능한데 왜냐하면 짐멜이 사회의 구성요소들이라 명명하는 개인들은 이미 언급된 선험들의 내용을 실제로 그의 의식 속에서 현재화시키기 때문이다.[50]

짐멜은 '본성이란 어떻게 가능한가?'라는 칸트의 물음을 '사회란 어떻게 가능한 것인가?'라는 사회학적인 물음과 등치시킨다. 하지만 이 물음에서 그는 칸트의 본성에 대한 물음에 비해 자신의 사회에 관한 물음은 방법론적으로 완전히 다른 의미를 지니고 있다고 강조한다. 왜냐하면 칸트의 본성에 대한 물음은 본성에 부여된 원소들의 종합명제를 완성할 수 있게 해주는 인식의 형태들에서 그 답을 구하지만 짐멜 그 자신의 사회에 대한 물음은 실제적으로 원소들 자체에 선험적으로 부여된 조건들로부터 답을 구하기 때문이다.[51] 이러한 근본적이고 방법론적인 그의 해명 속에는 그의 사회학 이론에 대한 근본토대가 들어 있다.

---

49) *Ibid.*, p.59.

50) *Helle*, Horst-Jürgen(1988): Soziologie und Erkenntnistheorie bei Georg Simmel, Darmstadt, p.127.

51) G. Simmel(1992a), p.45.

리버(H. -J. Lieber)와 푸르트(P. Furth)[52]는 짐멜로 하여금 형식 사회학의 기본토대를 만들 수 있게 해 주었던 인식론을 변증법적 방법으로 분석한다. 그들에 따르면 짐멜은 우선 '사회란 어떻게 가능한가?'[53]라는 물음에 몰두하는데 이는 그가 다른 학문들과는 거리가 있는 사회학을 위한 고유한 대상을 확보하고 그로써 사회학을 독자적 학문으로 세우려 한 까닭이다. 칸트는 학문적인 경험의 대상으로 간주되는 본성의 단위를 의식의 단위로부터 이끌어내는데 이 의식은 동시에 인식의 범주적 질서원칙인 기능의 단위임이 입증된 것이다. 짐멜이 말하는 사회의 단위 역시 이러한 의식의 단위에 기초하고 있다. 이는 곧 사회라는 단위가 의식의 현상임과 동시에 지적인 사실이라는 것을 나타낸다. 짐멜은 사회를 인식의 대상으로서의 사회가 아닌 '존재로서의 사회(Gesellschaft als Sein)'로 파악하였다. 즉 사회를 '대상개념 (Gegenstandsbegriff)'이 아닌 '존재개념(Seinsbegriff)'으로 보았다.

이러한 짐멜의 생각을 리버와 푸르트는 다음처럼 약술하고 있다: "짐멜이 만약 어떻게 사회란 가능한가 중 '어떻게(Wie)'에 초점을 맞추고 스스로에게 질문을 한다면 이 물음은 근본적으로 인식의 대상으로서의 사회에 해당되는 것이 아니라 존재로서의 사회에 해당되는 것이다. 존재로서의 사회는 선험적이거나 그럼으로써 인식비판적인 의미를 내포하는 것이 아니라 오히려 존재론적이고 심리학적인 것이다. 짐멜은 학문적 경험인식의 대상으로서 사회에 연관된 사회학적 경험을 비판하려 의도한 것이 아니라 단지 사회라는 존재의 실제적 조건들과

---

52) *Lieber*, Hans-Joachim und *Furth*, Peter(1958): Dialektik der Simmelschen Konzeption einer formalen Soziologie, in: Buch des Dankes an Georg Simmel. Briefe Erinnerungen, Bibliographie zu seinem 100 Geburtstag am 1. März, hrsg. von Michael Landmann und Kurt Gassen, Berlin, p.41 이하.
53) G. Simmel(1992a): p.42-61.

단지 존재로서의 사회가 구성하는 조건들에 대해 의문을 제기한다
."54) 이처럼 사회의 인식론이라기보다는 그의 사회학적 구상은 '지적
사회존재론(Sozialontologie)'인 것이다. 그리고 더 나아가 이를 추상으
로서의 사회로부터 지적 사실로서의 사회로 발전시킨다. 그는 의식을
수반하는 개체가 곧 사회적인 결속을 위한 한 기본 구성요소라고 확
신하였다. 왜냐하면 사회적 결속은 의식 내의 형식을 통해 실제화되고
이러한 사회의식(Gesellschaftsbewußtsein)은 그러므로 사회적 존재를
가능케 하는 실제 조건이기 때문에 짐멜이 추구하는 범주적 형식들은
단지 의식의 형식적 원칙들로만 존재할 수도 있다. 그러나 그에 의하
면 이러한 의식은 객체에 관련된 그리고 객체를 구성하고 있는 인식
기능의 단위가 아니라 사회를 이루는 실제토대55)이기 때문에 이미 언
급된 범주적 의식형식들 자체는 사회존재적인 영향소들로 보아져야
하고 또한 사회적 결속의 과정 내에서 실제로 영향을 미치는 개인들
의 의식 내에 자리한 원칙으로서 받아들여져야 한다.

54) H.-J. Lieber und P. Furth(1958): p.41 이하.
55) *Ibid.*, p.42.

제**3**장

형식사회학

짐멜에 따르면 이른바 '사회학'이라는 고유한 의미의 이름을 얻은 사회의 과학은 사회라는 개념으로 명명된 복잡한 전체 속에서 순수한 사회학적인 동기에만 제한하여 사용되어야 한다. 그에 의하면 사회학적 동기란 인간들 상호 간에 일어나는 과정 즉 사회적인 관계들인 것이다. 그러므로 사회학이란 이미 기존해 있는 여러 학문과의 관계들 속에서 새로운 길로 이르는 모든 영역의 현상들에 이르기 위한 하나의 새로운 방법이며 또한 그 연구를 위한 새로운 보조수단인 것이다.

짐멜의 사회적 형식이라는 개념은 바로 이러한 '사회란 무엇인가?'라는 물음에 대한 답이다. 이 사회적 형식이라는 개념은 무엇이 사회학의 대상이 될 수 있을까? 하는 사회학이 다루어야 할 특별한 대상을 찾아 나선 결과로 얻어진 성과이다. 이러한 형식개념에 대해 프라이어[56])는 다음과 같이 비판한다: 사회에서 일어나는 것과 사회적으로

---

56) 프라이어(Hans Freyer, 1887~1969)에게 있어서 정신적인 현실과 역사적인 세계의 두 단계들이란 '로고스(Logos)'와 '현실(Wirklichkeit)'이다. 로고스란 강제력이 있는 형식인데 곧 객관적인 의미이며 본질적인 뜻이다. 마치 언어를 통해서나 예술품이나 기술의 구성체 내에서 우리에게 나타나는 것과 같은 객관적인 창조물들이나 작품들의 제국을 말한다. 현실이란 어떠한 객관적 정신의 내용이 실현되는 것을 통해 일어나는 현실적인 행위들과 체험들의 연속을 의미한다. '순수학문(Logoswissenschaft)'이나 '현실학문(Wirklichkeitswissenschaft)'이라는 두 명칭은 프라이어에게 이차원적인 정신세계를 파악하는 두 가지의 가능성을 의미한다. 즉 체계적인 문화과학과 정신과학이라는 분야와 가까운 의미로 이해될 수 있는 순수학문은 이 세계를 의미심장한 형식들의 제국으로 또는 내용의 결합으로 간주한다. 역사학, 심리학, 사회학으로 대표될 수 있는 현실학문은 사건이나 행위의 조직으로 볼 수 있다. 이러한 것이 사회학을 현실학문으로 볼 수 있는 이유이며 어떠한 경우에도 프라이어에게는 사회학적인 대상의 특성 속에는 순수학문이 놓여 있지 않다. 어디에 이러한 특성이 놓여 있을까? 프라이어의 대답은 다음과 같다: 첫째로 사회적인 현실이라는 것은 삶이나 인류로부터 유래한 형식이자 형식 속에 갇힌 삶이다. 두 번째로 사회적인 구성체라는 것은 구체적인 시간 속에 저장된 형식이지 객관적이며 정신적인 의미의 구성체는 아니

결정되는 것 그리고 사회적으로 영향을 미치는 모든 것들을 대상으로 지정하는 것은 명백히 불가능하고 최선의 경우라 해도 사회학적 방법론이나 고찰법의 입문 정도로밖에 되지 않는다. 왜냐하면 자신의 모든 것을 표현하는 인간은 사회적인 존재로서 이해될 수 있고 사회는 모든 역사적 사건들의 담지자이기 때문에 이러한 것으로 미루어 사회학이 인간이나 문화 그리고 역사에 관한 지금까지 있어온 여타 학문들의 단순한 집합이 될 가능성도 있다.

짐멜에 따르면 인간에 대한 학문이란 바로 사회에 관한 학문임을 의미한다. 이러한 모든 인간적인 것들에 관한 학문으로서의 사회학에 대한 생각은 사회학이 하나의 새로운 학문이라는 데에 기여하게 된다. 그러나 새로운 인간에 관한 학문은 지금까지의 모든 지적 영역들 내에서 탄생하지 않았다. 이러한 것은 단지 모든 역사적이고 심리학적이며 규범적인 학문들을 한 커다란 통속에 쏟아 부어 섞은 다음 거기에 사회학이라는 딱지가 붙여져야 한다는 것을 의미한다.[57] 여기에 대한 구체적인 짐멜의 생각은 다음과 같다: 그래서 특별한 학문으로서의 사회학은 그에 걸맞은 특별한 대상을 찾아야 한다.

만약 이제 특별한 학문으로서 사회학이라는 것이 있어야 한다면 사회라는 개념은 다음과 같은 것이어야 한다. 새로운 추상성과 공동질서에 속하는 사회사적 소여성들이나 모든 현상들의 외적 표현의 집약을 초월

다. 그것은 완전하다기보다 오히려 불완전한 것이며 계속 연주되는 하나의 음악작품처럼 끊임없는 생성의 과정 속에 놓여 있다. 세 번째의 특징은 위의 두 가지가 연결된 즉 사회적 구성체들이란 인간의 존재론적인 상황이다.

in: Pieper, Josef(1931), Wirklichkeitswissenschaftliche Soziologie. Kritische Randbemerkungen zu Hans Freyer Soziologie als Wirklichkeit swissenschaft, aus: Archiv für Sozialwissenschaft und Sozialpolitik, Band 66, Tübingen p.394 이하.

57) G. Simmel(1992b): p.14 이하, 마찬가지로(1970), p.6.

한 어떤 특정한 이를테면 지금까지는 단지 상이하고 다양한 연결들로만 고려된 규칙들이 서로 결합됨으로 학문의 대상으로 인정되는 어떤 특정한 것이 곧 사회라는 개념이다. 이러한 사회개념은 지금까지는 단지 다양한 결속들 안에서 고려되었던 결정들을 한 곳에 속하게 함으로써 학문의 대상이 되어야 한다. 이러한 시각은 사회의 형식과 내용의 구분이라고 명명할 수 있는 사회개념의 분석을 통하여 나타나는 결과들이다.[58]

이러한 사회학의 대상을 짐멜은 그가 직접 인식론적인 연구를 통하여 추출해낸 개념들로 치환한다. 여기에서 중요하게 다루어지는 개념들은 '형식'과 '내용', '상호작용'들이다. 그의 견해에 따르면 자주적인 학문으로서의 사회학은 내용에 치중하기보다는 사회적 삶의 형식들을 연구하는 학문이어야 한다. 이러한 형식들에는 둘 혹은 그 이상의 사람들 간에 맺어질 수 있는 모든 가능한 관계들이 속한다.

1. 형식과 내용

형식사회학의 개념을 설명하기 위해 짐멜은 우선 사교(Geselligkeit)[59]

---

58) *Ibid.*, p.17.

59) Geselligkeit는 짐멜이 그의 사회개념을 설명하기 위해 많이 사용한 과도기적인 사회학 용어에 해당한다. 이익사회(Gesellschaft)라면 이미 어떤 단체나 모임에 목적지향적인 의미가 포함되어 있는 것을 말하는데 이것은 당시 퇴니스가 낸 「공동사회와 이익사회(Gemeinschaft und Gesellschaft)」(주로 3판을 기준으로) 이후의 경향으로 보아야 할 것이다. 사실상 독일의 사회학은 1919년에 열린 제1차 독일 사회학 대회 이후 정식으로 발족되었다고 보아야 할 것이다. 이 대회를 기점으로 한 전후의 시기는 여러 용어의 혼재를 경험할 수 있다. Geselligkeit에 대한 더 자세한 것은 그의 다음 저서를 참조할 것. Grundfrage der Soziologie(1970), 3판, Berlin을 볼 것.

의 개념부터 설명을 한다. 사교를 이루는 결정적인 동기는 두 가지 개념들에 의해 규정된다: 하나는 모든 인간사회 내에서는 그의 내용과 형식을 구분해 냄이 가능하다는 것이며 다른 하나는 인간사회 자체가 보편적으로 볼 때 곧 개인들 간의 상호작용을 의미한다는 것이다.[60]

짐멜은 이제 사회적인 것의 형식과 내용을 분리하는 데에 상호작용이라는 개념의 도움을 빌린다.[61] 내용이란 사회적으로 결속된 개인들의 복합체나 사회적으로 형식화된 사회를 이루는 소재로서의 인간이 어떻게 전체역사 현상들을 결정짓는가 하는 것으로 정의된다.[62] 다시 말하면 내용으로서의 사회적인 것은 아직 분화되지 못한 전체 사회과학들의 대상을 어떻게 현실이 부여해 주는가에 대한 구체적인 사실의 역사적이며 사회적인 총괄개념을 의미한다. 형식으로서의 사회적인 것은 역사적이며 사회적인 실재성들로부터 유래하는 담론과 추상을 통해 이끌어낼 수 있는 상호작용과 관계유형들의 총괄개념인 것이다. 사회적 삶의 형식과 개인들 간에 이루어지는 상호작용의 형태들을 총괄한 총개념만이 독자적인 학문으로서의 사회학에게 대상을 제공해 준다.

베버스(A. Bevers)[63]에 의하면 짐멜이 인식과 현실 간의 관계에 대한 인식론적 연구를 시도할 때 그 연구에 대한 논리적 원칙으로서 형식과 내용에 대한 구분을 적용하였다 한다. 인간 사이에서 일어나는 일들을 다루는 이러한 분야가 어떻게 사회학의 고유한 대상으로서 현실

---

60) G. Simmel(1970), p.48.
61) 짐멜에 의하면 사회라는 개념은 형식과 내용이라는 두 가지 중요한 의미의 복합에 의해 이루어져 있다. 그는 그의 주저인 사회학에서 이 두 가지 사회적 의미들을 엄격하게 따로 구별지어 개별화시키려고 시도하고 있다. 그러나 이러한 형식과 내용에 대한 구분은 여러 번 프라이어와 소로킨에 의해 비판받는다.
62) G. Simmel(1992b), p.23.
63) A. M. Bevers(1985): p.72 이하.

로부터 개념화될 수 있는가? 짐멜은 이미 그에 대한 시발점을 칸트적 인식론에 의해 선취된 형식과 내용 간의 구분을 통해서 찾아내었다. 칸트가 인식의 과정들로부터 생겨나는 형식들(선험적 의식의 형식들)은 연구하였지만─이 과정들로부터 형식들의 실마리를 찾아내기 위해─그의 내용들은 소홀히 하였듯이, 짐멜도 순수한 사회적 과정들을 밝혀내기 위한 목적으로 사회적 현실에 이 한 쌍의 개념을 적용함으로써 내용으로부터 독립된(내용은 제외된) 사회적 삶의 형식들을 연구하였다. 원래는 인식론 연구를 위해 실행된 형식과 내용의 분리가 짐멜에 의해 사회학적 연구의 방법적 원칙으로 탈바꿈하게 된 것이다.

이러한 사회학적인 연구를 위한 한 방법으로 짐멜이 내세운 사회적 현실의 내용에는 접촉욕구나 지적인 충동 혹은 소유욕, 개인적 관심, 관능적 욕구, 종교적 동기, 공격적 충동[64] 등과 같은 인간으로 하여금 서로의 관계를 맺게 유발시키는 모든 것들이 포함되어 있다. 이에 대해 베버스[65]는 짐멜은 사회적 현실의 내용을 개인으로 하여금 행위를 유발시키는(베버의 '주관적으로 의도된 의미: subjektiv gemeinter Sinn' 처럼) 것들에만 국한 지은 것이 아니라 문화적인 산물들을 포괄하는 사회적 현실의 객체화 또한 내용에 포함시키고 있다고 파악하였다.

텐브룩(F.H. Tenbruck)[66]은 짐멜이 말하는 형식들은 당연히 내용이 없는 것이 아니며 만약 그랬다면 짐멜의 사상은 명백하게 무의미한 것이었으리라고 보고 있다. 형식들이란 개인들에게 동기유발을 가능케 하는 것들의 총체로 정의되는 '질료'의 상대개념으로 명명되며

---

64) G. Simmel(1970): p.48, 마찬가지로(1992b), p.18.
65) A. M. Bevers(1985): p.77.
66) Tenbruck, Friedrich H.(1958): Georg Simmel, in: Kölner Zeitschrift für Soziologie und Sozialpsychologie, Jg. 10, p.587-614.

개별적인 동기유발의 근거들은— 여기서는 물론 짐멜이 언급한 바 있는 충동들, 관심들, 목적들, 그리고 경향들 등 다시 금 짐멜과 그 당시에 이해되었던 바대로 해석되어야 한다. 질료란 즉 적당한 그리고 그 한도 내에서는 잠재적으로 의식에서 끄집어내어 분석이 가능한 개별적 결정요인들(individuelle Bestimmungsgründe)[67]이다. 이에 비추어 볼 때 형식은 개인들의 의식—짐멜은 이를 일반적으로 영혼 또는 정신이라 부른다— 에 부착되어 있는 그러나 인간의 자주성에 따라 개별적인 행위들을 유발하지는 않는 그러한 동기들이다. 이는 그 자체로는 설명이 불가능한 행위의 지평이며 행위자에게는 '당연한 것'으로 제시되는데 그러나 바로 그 때문에 모든 '질료'는 이렇게 가정된 주변에서만 움직이게 되며 또한 그 때문에 행위들의 질료로부터 형식을 끄집어내어 분리하지 못하게 막는다. 그 때문에 이는 '형식'으로 존재하며 결코 무의미한 것이 아니다.[68]

텐브룩에 의하면 짐멜은 그의 형식사회학을 특정한 사실의 복합체들이나 보편적 매체를 통한 고찰방법으로서의 상호작용으로 묘사하였는데[69] 이는 항상 하나의 분석방법으로 동원되었다. 이러한 개념적 구상으로 짐멜은 여러 개별 학문들의 무비판적 조합과 정신과학으로서의 사회에 관한 이론을— 곧 사회학을 말함— 정립하려 시도한 동·시대의 다른 모든 시도들을 반대하였다. 그리하여 짐멜은 사회적 행위

---

67) 짐멜은 당시에 유행하고 있던 신칸트주의에서 차용해 온 '형식과 질료'라는 개념을 사용하였는데 이로 인해 그는 이 두 개념을 단지 사변적으로만 구성하고 공허하게 방법론화했다는 비난을 면치 못했다. In: F. H. Tenbruck(1958), p.603.

68) F. H. Tenbruck(1958), p.598 이하

69) 상호작용의 지평을 보편적인 매개체로서 해체하는 그러한 사실의 복합체(언어, 종교, 법)를 지향하는 고찰을 짐멜은 항상 방법론으로서의 사회학이라 명명했다. In: F. H. Tenbruck(1958), p.596 이하

의 형식들을 사회학의 대상들로 규정하였고 그와 더불어 인간의 공생
은 어떠한 질서에 따라 이루어지는 것임을 표현하려 하였다.

  항시 변화하는 인간의 행위는 하나의 형식을 보여준다. 다시 말하
면 이는 사람들은 자신의 행위에 구속되어 있기 때문에 그들의 모든
행위는 인간관계의 형식으로 표현될 수 있는 하나의 안정된 구조로
결합될 수 있다는 것이다. 사회적 행위로서의 인간행위는 곧 역할행위
이다. 짐멜에게 있어 사회적 행위는 곧 행위의 주체인 인간들이 안정
적인 구조 속으로 편입됨을 통해 상호관계의 형식을 형성하는 것으로
파악되는데 이것은 현대 사회학에서 '역할(Rolle)'이라는 개념으로 고
착되게 된다.[70] 형식이란 용어를 매개로 하여 짐멜은 개인과 문화의
개별 체계들 간에 이루어지는 직접적인 관계를 서로로부터 완전히 분
리한다. 그러나 그와 동시에 개별적인 행위의 동기들이 활동할 수 있
는 공간을 만든다.[71] 이로써 인간의 행위는 사회적 행위로 이해된다.
왜냐하면 역할에 따른 행위[72]는 개인들을 초월하여 사회의 질서체계
들과 관련되어 있기 때문이다.[73]

  짐멜이 본 개인은 체계지워진 전체성 내에서 행위하는 것이 아니라
자신의 행위영역을 제한하는 구체적인 집단들 내에서 행위한다. 이로
써 인간들은 내면적으로 특정한 사회적 지위들을 지닌 소유자로서 그

---

70) 마찬가지로 F. H. Tenbruck(1958), p.598 이하도 비교해 볼 것.

71) 텐브룩은 짐멜의 '형식과 내용'이라는 두 개념을 '역할과 동기(Rolle und
    Motivation)'로서 파악한다. In: F. H. Tenbruck(1958), p.600 이하

72) 여기에서 행위란 역할행위를 의미하며 인간들은 매번 그들 쪽에서 체계
    들과 질서들에 연관을 가지려고 할 때에만 그리고 이에 의해서 인간이
    본질적으로 의도한 목적에 관련될 때에만 인간은 상호작용 내에서 서로
    연관 관계를 가진다. In: F. H. Tenbruck(1958), p.597.

73) Schnabel, Peter - Ernst(1974): Die soziologische Gesamtkonzeption
    Georg Simmels, Stuttgart, p.79.

들이 속해 있는 집단의 위치에 적절한 어떤 전형적인 행위들을 하도
록 유도된다.

2. 형식사회학에 대한 비판적 경향들

사회학적 연구가 진행되는 과정에서 짐멜의 형식사회학(formale
Soziologie)[74]에 대해 비판적인 입장을 취한 몇몇의 경향들이 형성되
었다. 바로 소로킨(Pitrim Alexandrowitsch Sorikin: 1889~1968, 러시
아에서 출생, 미국에서 활동한 사회학자)과 프라이어가 그리고 슈판
(Othmar Spann: 1878~1950, 오스트리아의 사회학자, 철학자, 국민경
제학자)이 그들 중 대표적인 사회학자들이다.

풍부한 심리학적 이론에 기초한 사회에 대한 이해와 과학적 인식방
법론적인 형식개념을 내포한 짐멜의 사회 형식이론은 슈판[75]의 견해
로는 외적으로는 긴밀성을 갖춘 듯 보이나 이론적으로는 결함을 내포
한 것으로 평가되었다.[76] 그의 의견에 따르면 사회적 상호작용을 심
리학적 추정으로 증명하는 것은 항상 정신적인 내용들을 분석하는 것
으로 희귀하고 결코 사회자체를 그 결과로 획득할 수 없기 때문이다.

---

74) 형식적인 사회학(Formale Soziologie)과 형식사회학(Formsoziologie)에 대
   한 구별이 한때 제기되기도 했으나 지금은 대부분 Formale Soziologie를 형
   식사회학이라 칭하는 것에 따라 형식적 사회학이 아닌 형식사회학으로 옮
   기고 씀을 밝혀둔다.
75) 슈판은 사회를 단순한 개인들이나 자연적 사실의 총체로서가 아니라 정신
   적인 총체로서 파악하였다. 개체로서의 인간은 초개인적인 전체로 나타나
   는 정신적 총체의 부분들인 공동체나 집단의 일원으로서 정신적으로 발
   전할 수 있다. In: Hillmann, K. H.(1982), Wörterbuch der Soziologie, p.719.
76) P. E. Schnabel(1974), p.10f.

짐멜이 학문을 정립하려는 목적으로 사회적 상호작용들의 형식들로부터 내용을 따로 분리해 내는 곳에서부터 슈판은 더 이상 짐멜의 사상을 추적하는 것을 포기한다. 왜냐하면 사회적 결속의 구체적 내용에 대한 연구를 여타의 사회과학들에게 양도하고 동시에 사회학이 경험적 의미에서 구체적 요소들의 상호작용들로서 즉 단순히 심리적으로 존재하는 것으로 묘사되는 형식들에 대한 분석을 시도하는 것은 그의 견해에 따르면 고유한 연구대상만을 위한 학문으로 전락하여 사회를 기만하는 결과를 가져올 수 있기 때문이다.[77]

소로킨은 이와 동일한 형식사적인 구상에 의거하여 그의 저서 현대 사회학의 이론들(Contemporary Sociological Theories)[78]에서 당시 형식 사회학적 경향들(특히 짐멜과 비제[79])을 네 가지로 요약해 발표

---

77) *Ibid.*, p.10 이하

78) Sorokin, Pitirim Alexandrowitsch(1928), Contemporary Sociological Theories, New York/London

79) Leopold von Wiese(1876~1969), 짐멜의 이론을 계승한 유일한 독일의 사회학자로 쾰른대 교수와 하버드대 객원 교수를 역임했으며 계간지 사회학과 사회심리학을 위한 쾰른 잡지(Kölner Zeitschrift für Soziologie und Sozialpsychologie)를 1948년에 창간한 주역임. 그는 스펜서의 이론에 대한 학문적 논쟁과 짐멜의 이론으로부터 영향을 받아 형식사회학에 속하는 관계와 구성체이론(Beziehungs-und Gebildelehre)을 발전시켰다. 그의 관심은 인간이 사회 내에서 어떻게 행위하는가에 대한 것이었다. 그가 주장하기를 사회학이란 사회적 공간 내에서 일어나는 사회적 과정들을 연구하는 것이다. 이 사회적 공간이란 개인들을 특정한 사회적 거리를 두고 서로 한데로 묶어주는 역할을 한다. 이리하여 긴밀하게 이어진 관계들이 사회적 구성체(Soziale Gebilde)들로 발전된다. ― 그에게 있어 사회적 거리의 범주는 개인들이 맺은 상호관계의 결과가 경쟁, 반대 혹은 갈등인지에 대해서 불분명하며 그로 의해 개인들 서로가 서로에게 끼치는 영향들은 문화적 의미와 상관없이 연구된다. ― 그의 사회구성체 이론이란 집단들과 조직들 간의 관계를 그리고 집단의 현상들을 다루는 것이다. 비제는 사회적 진행과정들로부터 연구의 대상이 되는 조

하였다.[80]

1) 소로킨이 명백하게 사회과학들 중의 한 부분으로 생각하고 있는 훨씬 오래된 경험과 더 엄밀한 정확성을 지닌 로마 율법자들의 법학적 형식주의에 비해 짐멜의 형식 사회학은 독창성의 칭호나 방법적 구성을 그 스스로의 사회학을 위해 요구할 수 없다.

2) 소로킨의 평가에 의하면 형식과 내용의 분리라는 형식주의자들의 교의(Dogma)는 사회학을 고유한 학문으로 정립하기 위한 목적에는 부적합하다. 사회현실이란 짐멜에 의해 요구되듯이 단순히 기하학적 원칙에 의해서는 분리될 수가 없는 것이다. 왜냐하면 변화하는 구성원들의 흐름 내에서 영원히 불변하는 사회의 형식화란 일반적으로 생각하기에 불가능하기 때문이다.

3) 형식에 기초를 둔 주체적인 사회학이라는 짐멜의 사회학적인 이상으로부터는 아무것도 창조될 수 없는데 왜냐하면 특히 그의 구상을 추종하는 학자들조차 공동의 대상들, 개념규정들 그리고 방법적 수단을 정하는 데 지금껏 일치를 보지 못하고 있기 때문이다. 무엇보다도 형식사회학적 방법론을 통해 사회현상의 분석을 시도할 경우 단지 사회적 결속의 형식만을 혹은 반대, 분해, 갈등 그리고 전쟁의 과정들 등 모든 인간 사이의 관계만을 비교해야 하는가가 애매모호하다.

직들의 성격을 결정하려 시도한다. 이러한 형식적이고 추상적인 구상은 임의적인 내용들을 수용하는 것을 허용한다. 이는 또한 불평등, 지배, 계층화, 선택들의 문제에 대한 연구를 가능하게 해주기도 한다. 연구의 경향은 해설적이라기보다는 오히려 묘사적이다. 그의 연구결과는 사회적 진행과정들에 관한 분류로 나타난다. In: Hillmann, K. H.(1982), Wörterbuch der Soziologie, p.813 이하

80) 여기에서 언급된 소로킨의 짐멜에 관한 비판적 경향들은 슈나벨의 견해에 따른 것이며 텐브룩의 의견도 또한 들어 있다. P. E. Schnabel(1974), p.12 이하, 마찬가지로 F. H. Tenbruck(1959), p.74도 볼 것.

4) 종합적으로 볼 때 소로킨은 짐멜과 그의 제자 비제가 그리 독창적이지는 못하지만 사회적 관계들을 분류한 업적들은 인정한다. 이 두 학자는 체계화라는 시도를 함으로써 점차 더 조망하기 어려워지는 현실과 대질하게 된 학문에 보탬이 되었다는 것이다.

프라이어는 짐멜이 사회적 사건의 형식들과 내용들이 서로 학문적으로 분리 가능함을 명백히 보이기 위해 그의 저서 사회학의 서문에서 사용한 사회학과 기하학의 불행한 유사성에 대해 좀더 근본적이고 세밀하게 비판한다. 프라이어에 따르면 이런 유사성격은 기하학적 그리고 사회적 형태들이 동일한 성격들을 지니고 있다고 누군가에 의해 비방될 때 점차 사라지게 된다고 한다. 이 외에도 짐멜이 염두에 두었듯 순수한 순수학문(Logoswissenschaft)으로서 성립된 사회학은 사회적 사건을 모든 내용적인 그리고 역사적인 조건들로부터 동시에 분리하려 할 경우 사회적 현실을 파악할 수 있어야 하는 사회학의 요구를 잃어버릴 염려가 있다고 한다.[81]

그러나 프라이어는 짐멜이 그의 저서 사회학에서 일관된 체계를 통해서가 아니라 일련의 훌륭한 에세이들을 나열해 놓았기 때문에 형식과 내용을 분리하는 것이 쉽게 받아들여질 수 있다고 생각한다. 이 에세이들에는 직접적으로 사회과학들의 개념을 비판하는 항목들은 얼마 포함되어 있지 않으면서 사회과학들의 잘못된 논리를 퍼트릴 우려가 있음에도 불구하고 그런 문제점의 확산에 대한 경고를 오히려 정당화

---

81) 짐멜의 사회적 형식이라는 개념은 어떤 경우에도 단지 사회적 현실로부터 추상적 동기들을 파악해 내는 것이 아니라 오히려 추상성을 통해 침묵과 의도되지 않은 일종의 대상에 대한 숙명적 변화를 야기한다. 역사적 사건이라는 것은 안정된 구조들로 고정되며 이른바 시간의 엽맥 즉 현실이란 사회적 현실들로 분리되어 나온다. 사회학이란 곧 현실학문으로부터 순수학문으로 옮겨가는 것이다. In: H. Freyer(1964), p.56.

시켜 놓았다는 것이다.[82]

베버스는 또한 '형식, 상호작용 그리고 기능(Form, Wechselwirkung und Funktion)' 등의 개념들이 난삽하게 쓰인 점에 대해 비판한다. 사실상 짐멜은 '상호작용하는 단위(Die wechselwirkende Einheit)', 한 원소의 다른 원소에 대한 기능적 관계(Die funktionelle Beziehung jedes Elementes zu jedem: Soziologie 1908. p.465), '개인들 혹은 집단들 간의 기능적 상호성 관계(Die funktionelles Gegenseitigkeitsverhältnis zwischen Individuen oder Gruppen: Soziologie 1908, p.514)', '형식 혹은 기능(Form oder Funktion: Philosophie des Geldes 1958, p.54, 59, 196, Soziologie 1908, p.39)', '단순한 형식으로서의 기능(Die Funktion als bloße Form: Philosophie des Geldes 1958, p.194)', '사회학적 기능(Eine soziologische Funktion: Soziologie 1908, p.433, 467, 486)' 등과 같이 용어를 전환하여 사회적 관계들에 대한 동의어들로서 마구 뒤섞어 혼란하게 사용한다. 짐멜이 응결된 상호작용들의 형식들인 제도들(Institutionen)에 대해 언급할 경우 그리고 그에 더불어 '본질로 변화한 사회적 기능(Substanzgewordene Sozialfunktion)'이나 '순수기능의 육화(Fleischwerdung einer reinen Funktion: Philosophie des Geldes 1958 , p.96, 159, 163)' 등과 같은 표현들을 사용하며 상술한 바와 같은 동일 개념들은 또다시 쓰인다.[83]

---

82) 짐멜의 형식과 내용에 대한 분리와 사회학에 대한 그의 형식학문(Formwissenschaft)적 파악은 가능하다. 왜냐하면 짐멜의 사회학은 실제적으로 체계(System)가 아니라 일련의 좋은 사회학적 수필이기 때문이다. 우리가 이에 이의를 제기하는 것은 전혀 그의 개념형성에 대해서가 아니라 그의 사회학적인 논리에 대한 평가이다. 현실적 성격을 띤 사회적 실제를 — 짐멜의 형식개념에 실행되었듯 — 그렇게 적나라하게 밝혀내는 사회학의 체계에는 대상이 결핍되어 있다. In: H. Freyer(1964), p.57.

83) A. M. Bevers(1985), p.78.

3. 상호작용과 사회적 결속의 형태

콩트나 스펜서, 베버처럼 짐멜 또한 사회학을 다른 학문들로부터 경계지우기 위해 사회학의 고유한 대상과 방법을 규정하려 시도하였다. 이미 그는 1894년에 발간된 「사회학의 문제(Das Problem der Soziologie)」라는 논고에서 사회학의 대상은 사회적 관계들의 상호작용적 그리고 상호성의 성격이라 규정되며 또한 그 내부에서 상호작용들에 의해 진행되는 사회적 관계들의 형식들로 볼 수 있다고 그 해답을 제시하였다.[84]

일반적으로 보아 사회학은 사회적 결속의 형태들이나 인간 상호관계의 형식들을 다루는 학문으로서 즉 간단히 말하면 사회에 관한 학문이다.[85] 사회학은 사회의 내용보다는[86] 수학자가 물체의 재료에는 상관하지 않고 기하학적인 형태에만 유의하듯 즉 사회학은 사회적인 것만 평가한다. 사회학은 인간들을 사회적으로 서로 결속시켜 주는 원천적 동력들과 관계 그리고 형태들을 그 대상으로 삼는다. 이로 인해 사회학은 인간의 사회적 존재에 관한 학문[87]으로 정의된다. 하지만 만일 우리가 이러한 개개의 동력관계나 형태들을 존재하지 않는 것으로 간주할 경우 어떠한 사회도 더 이상 그 형태를 지니고 남아 있지 못한다. 어떠한 동기들과 이해관계들을 야기하는 상호작용들이 활발하게 효력을 지닐 때에야 사회는 비로소 형성된다.[88] 넓은 의미로 볼

---

84) G. Simmel(1987): Das Problem der Soziologie, p.42 이하, 마찬가지로 그의 책(1992b), p.18 이하

85) G. Simmel(1992b): p.23 이하

86) Kiss, Gabor(1977): Einführung in die soziologischen Theorien II, 3. Aufl. Opladen, p.82를 비교할 것

87) G. Simmel(1992b): p.25.

때 사회는 분명히 다수의 개인들이 상호작용을 일으키는 곳에서 나타
나는 것이다.

사회적 결속을 이루는 특별한 원인들과 목적들이 어느 정도까지는
사회적 진행과정의 몸체와 소재를 형성한다. 이러한 원인들이 성과를
이루고 이러한 목적들을 장려하는 일 즉 담지자들 사이에 사회적 결
속을 야기하는 상호작용, 이것이 곧 내용들을 감싸는 형식이다.[89] 그
러한 형식들로는 '상부와 하부질서(Über-und Unterordnung)', '경쟁
(Konkurrenz)', '노동분화(Arbeitsteilung)' 등을 들 수 있다. 또한 마찬
가지로 사람과 사람 사이에서 일시적으로 미미하게 진행되는 상호작
용들도 매우 중요하게 다루어진다.

인간으로 하여금 행위를 야기하는 요인과 변동들은 인간 사이에서
일어나는 상호작용들을 내용상으로 결정하는 충동들, 관심들 그리고
목적들이다. 즉 정신적 동기유발, 감정, 욕구 그리고 사유들은 모든 사
회현상들의 본질을 결정짓는다. 개인의 행위와 의도는(예를 들어 배고
픔, 사랑, 질투 등과 같은) 항상 특정한 충동들에서 기인하는 혹은 특
정한 목표들을 달성하기 위해 형성된 다른 것들에도 일정한 영향을
미친다. 하지만 사회적 삶의 소재를 이루고 동시에 사회적 진행과정을
추진하는 개인들로 하여금 동기를 유발하게 하는 것들은 짐멜에게 있
어서는 아직 사회의 근원들(본질들)로 간주되지 않는다.[90] 개별적 공

---

88) *Ibid.*, p.24.

89) 마찬가지로 G. Simmel(1987): p.43을 비교할 것.

90) 이러한 소재들과 동기는 고립된 채로 공존하는 개인들이 상호작용의 일
반개념에 속하는 상부상조의 특정한 형식을 창조할 수 있는 사회적 결
합을 형성한다. 사회적 결합은 또한 셀 수 없는 다양한 방식들 속에서
이루어지는 형식들이고 이 형식 내에서 각 개인들은 자신의 관심에 따
라 그에 알맞은 하나의 단위에 유착하게 되고 그 속에서 자신의 이익을
실현시킨다. In: G. Simmel(1992b), p.18 이하

간 내에서 형성되는 사회적 결속의 내용적인 요소들은 우선 사회적으로 통제되는 상호작용들의 지속적인 영향을 받아 견고하며 초개인적 구성체들로 형상화될 수 있는 '단순한 병존(bloßes Nebeneinander)' 관계를 형성한다. 그리고 대인 간에 일어나는 상호작용들의 방식과 긴밀함의 정도에 따라서 욕구와 관심을 충족하는 방법을 규범적으로 규제하는 특정한 내용들에 관련된 기능을 지닌 사회사적 구성체들로 발전될 수 있다. 이들은 말하자면 근원적인(개별적인) 행위의 경향들을 초월하여 성장하고 개인들 간의 삶의 영향범위를 벗어나 '객체적인 구성체들(objektive Gebilde)'로 고양된다. 이러한 객체적 구성체들의 구조는 전반적으로 내용에 의해서 경우에 따라서는 내용의 토대를 이루는 사회적으로 가정된 목표들에 의해서 형식화된다. 하지만 이 구성체들을 서로 조합하는 상호작용들의―구체적인 사회적 사건의 표명으로서―그물망은 그들 구성체들에게 실행된 규범적 영향만 가지고는 설명될 수 없다고 한다.[91]

이러한 상호작용은 항상 특정한 충동들에 기인하거나 또는 일정한 목적을 달성하려 할 때 이루어진다. 충동과 목적들은 상호 공존하에서 서로가 서로를 위하거나 그에 상반하는 행위를 그리고 타인과 함께한 상태들의 상호관계 속 등으로 빠져드는 것을 이를테면 타인에게 영향을 끼치고 또 그들로부터 영향받는 것을 가능케 한다. 이러한 상호작용들은 각기 서로 버려져 있는 충동과 목적들을 지닌 개별적인 사건의 담지자들이 하나의 단위, 곧 하나의 사회를 이루는 것을 의미한다. 짐멜은 개인들 내면에서 충동이라든가 관심, 목적, 경향, 심리적 상태들과 그 같은 운동들로 존재하며 그로부터 혹은 그에 대해 타인에게 영향을 미치고 영향받는 것을 가능하게 만드는 모든 것을 '내용

---

91) G. Kiss(1977): p.82 이하

(Inhalt)', 말하자면 사회적 결속의 '질료(Materie)'로 명명한다. 이들은 각기 고립되어 나란히 존재하고 있는 개인들을 공존과 병존이란 특정한 형식들로 구속할 때에만 사회적 결속을 이룬다. 이러한 형식들은 상호작용의 보편적인 개념에 속한다.[92] 사회적 결속이란 즉 어떠한 이해들에 기인하여 개인들이 하나로 통일되어 함께 성장하고 그 안에서 이러한 이해들을 실현하는 무수히 다양한 방법 속에서 이루어지는 형태이다.[93]

네델만(Birgitta Nedelmann)은 리바인(D. N. Levine)[94]의 용어를 차용하여 짐멜의 근본적인 상호작용의 관계들을 네 가지 유형으로 구분한다.[95]

1) 제도 사이에서 일차적으로 발생하는 과정들 다시 말하면 이는 여러 제도들 사이에서 행해지는 상호작용의 과정들로 두 당파들 간의 질시, 두 나라 간의 증오, 교회와 국가들 간의 문서적 교류 등을 예로 들 수 있다. 짐멜의 경험적 연구들에는 이러한 일차적 과정들의 유형에 해당하는 많은 용례들이 들어 있다.

2) 개인들 간에 일차적으로 발생하는 과정들 이는 즉 서로 얼굴을 맞대고 직접 경과되는 상호작용들의 순간적이나 일시적으로 그리고 불규칙하게 진행되는 현대사회의 특징으로 종종 인용된다. 이러한 결과를 통해 고유한 조직체들로는 상승할 수 없지만 그럼에도 불구하고

---

92) 짐멜은 또한 상호작용을 형식과 내용의 관계 속에서도 파악한다.

93) G. Simmel(1992a): p.17 이하

94) Levine, Donald N.(1959), The Structure of Simmel's Social Thought, in: Georg Simmel, 1858–1918, hrsg. von Kurt H. Wolf, p.19 이하

95) Nedelmann, Birgitta(1988), Psychologismus oder Soziologie der Emotionen? Max Webers Kritik an der Soziologie Georg Simmels, in: Simmel und die frühen Soziologen. Nähe und Distanz zu Durkheim, Tönnies und Max Weber, hrsg. von Otthein Rammstedt, Frankfurt a. M., p.18 이하

개인들은 이 과정들을 통해 서로 묶이고 연결된다. 인간들 간의 사회적 결속은 결합과 해체라는 과정을 끊임없이 반복한다. 비록 고유한 조직체들로는 상승할 수는 없지만 개인들을 서로 연결하는 흐름과 약동은 지속적으로 계속된다. 사람들이 서로를 주시하고 질투하고 편지를 주고받으며 혹은 점심을 함께하는 등 사람과 사람 사이의 수많은 유희적이고 일시적인 혹은 중요한 관계들은 우리 서로를 끊임없이 연결시킨다.[96]

3) 제도 내에서 일차적으로 행해지는 과정들은 안정된 제도들 내에서 개인들 간에 진행되는 상호작용들이다. 한 단체 성원들 사이에서 이루어지는 유대감, 한 학문적 지위를 두고 벌어지는 지원자들 사이의 질시 한 콘베이어 벨트(Fließ-Band)에서 일하는 노동자들 사이의 협동 등이 이에 해당한다.

4) 개인들 내에서 일어나는 일차적 과정들은 결국 개인들의 표상 속에서 행해지는 상호작용들이다. 고독은 그 좋은 일례로 개인이 전제된 조건들을 완성, 충족 혹은 상호 간의 작용들이 바로 예견될 경우에 진행되는 과정이다.

네델만의 견해에 따르면 짐멜은 일차적 상호작용의 과정들을 사회학적으로 분석하는 것이 왜 그렇게 중요한가, 하는 문제에 대해 대체로 다음과 같은 세 가지 이유를 들고 있다.[97] 첫째 짐멜의 생각으로는 사회에 관한 학문은 지금껏 국가와 가족, 조합과 교회들, 계급들과 목적 단체들 등 대단위 조직들에 대해 너무 큰 의미를 부여해 왔다. 그에 비해 짐멜은 주지하는 바와 같이 극히 미세한 분자적 사건들에 집중하여 사회학적인 분석을 시도한다.[98] 둘째 짐멜은 인간들 사이의 극히 미세

---

96) G. Simmel(1970), S. 13, auch(1992b), p.33.
97) B. Nedelmann(1988), p.19 이하

한 관계들에[99] 특수한 기능을 부여한다. 즉 이러한 관계들은 사회의 구성원자들을 서로 연결짓고 삶에 '완강함과 탄력성(Zähigkeit und Elastizität)'을 부여한다.[100] 셋째 종국적으로 짐멜은 일차적 상호작용의 과정들에 매우 특정한 성격을 부여한다. 즉 이 과정들은 한편 아주 명료하지만 다른 한편으로는 매우 난해한 사회적인 삶의 전체적인 다채로움과 조화를 동시에 지니고 있다.[101] 이러한 비유적 서술은 곧 일차적인 과정들이 매우 다양한 사회적 내용들의 담지자들이며 이러한 특성에 힘입어 사회적 조화를 이루는 것임을 암시한다.

짐멜의 이 같은 상호작용이론에 대해 베버는 그것이 매우 불명료하고 지나치게 보편적이라는 반증을 내세워 짐멜의 사회학이 단지 개인들 간의 상호작용들을 연구하는 학문이라 단정한다.[102] 왜냐하면 짐멜 식으로 상호작용을 이해하면 이는 인간 삶의 거의 모든 현상들을 포괄하기 때문이라 한다. 베버의 견해로는 짐멜의 상호작용론은 너무 넓은 영역들을 한꺼번에 포괄하고 있어 단지 매우 인위적인 방법을 사용할 경우에만 상호 간에 순수하고 일방적인 영향을 끼칠 수 있다는 가정이 성립될 수 있다는 것이다.[103] 즉 이것은 상호작용을 일으

---

98) 여기에서는 다시 말하자면 인간을 이루는 소재들 내에서 진행되는 미세한 분자적 과정들이 중요시된다. 이러한 과정들은 그러나 실제적인 사건이며 이 사건은 어떤 거대하고 견고한 단위들과 체계들로 그제야 서로 결합되거나 실체화된다. In: G. Simmel(1992b), p.33.

99) G. Simmel(1992b), p.34 이하

100) 여기에는 한편으로는 명료하면서도 다른 한편으로는 불가사의한 사회적 삶의 강인함과 탄력성, 다채로움과 조화로움을 지탱하는 사회의 원자들 간에 이루어지는 심리학적인 현미경으로만 볼 수 있는 상호작용들이 있다. In: G. Simmel(1992b), p.33.

101) G. Simmel(1992b), p.33.

102) M. Weber(1972): Georg Simmel as Sociologist, with an introduction by Donald N. Levine. Social Research 39: p.155-63.

키는 요소가 전혀 없는 가운데에서 한 사람이 다른 사람에 의해 영향을 받는 경우를 의미한다는 것이다.[104]

하지만 리바인(D. N. Levine)[105]은 베버의 사회적 행위(soziales Handeln)의 개념이 어느 정도로 상호작용 개념보다 더 정밀하고 더 특수화된 개념인지를 통찰하기란 매우 어렵기 때문에 베버의 짐멜에 대한 비판은 매우 터무니없다고 주장한다.

리바인은 베버의 짐멜에 대한 비판을 다음과 같이 기술한다: 베버는[106] 짐멜의 사회학이 개인들 사이의 상호작용들을 연구하는 학문이라 언급하고 이러한 짐멜 사회학의 판단기준에 대해 그것이 매우 불명료하고 지나치게 보편적이라는 점을 들어서 반증을 내세운다. 왜냐하면 이는 인간 삶의 거의 모든 현상들을 포괄하기 때문이라 한다.[107]

---

103) Nedelmann, Birgitta(1988): Psychologismus oder Soziologie der Emotionen? Max Webers Kritik an der Soziologie Georg Simmels, p.16. In: Simmel und die frühe Soziologen. Nähe und Distanz zu Durkheim, Tönnies und Max Weber, hrsg. von Otthein Rammstedt, Frankfurt a. M., p.11–35.

104) 이러한 베버의 비판적 입장을 우리는 고프맨(E. Goffman)의 '전체기관 (total institution: 정신병원, 감옥, 수용소, 군부대 등)'에 견주어 볼 수 있다. 즉 일상에서 겪게 되는 일들이 전체기관의 구성원들에게는 박탈된 상호작용이 아닌 일반적인 영향만이 강요되는 폐쇄된 기관을 전체적 통제기관이라 할 때 여기에서는 짐멜이 말하는 상호작용의 원칙이 적용되지 않는다. 더 자세한 전체기관에 관해서는 Goffman(1961)의 책 「Asylums. Essays on the Social Situation of Mental Patients and Other Inmates, New York: Doubleday Anchor」을 볼 것.

105) Levine, Donald N.(1984): Ambivalente Begegnungen. Negationen Simmels durch Durkheim, Weber, Lukács, Park und Parsons, p.330. In: Georg Simmel und Moderne, hrsg. von Heinz–Jürgen Dahme/Otthein Rammstedt, Frankfurt a. M., S.318–387.

106) M. Weber(1972b), Georg Simmel as Sociologist, with an introduction by Donald N. Levine. Social Research 39: p.155–63.

107) D. N. Levine(1984), p.330.

베버의 견해로는 짐멜의 상호작용론은 너무 넓은 영역들을 한꺼번에 포괄하고 있다. 단지 매우 인위적인 방법을 사용할 경우에만 상호 간에 순수하고 일방적인 영향을 끼칠 수 있다는 가정이 성립될 수 있다는 것이다.[108] 즉 이것은 상호작용을 일으키는 요소가 전혀 없는 가운데에서 한 사람이 다른 사람에 의해 영향을 받는 경우를 의미한다. 리바인이 매우 분명하게 강조 했듯이 상술한 베버의 비판은 매우 터무니없다. 왜냐하면 베버의 사회적 행위의 개념이 어느 정도로 상호작용 개념보다 더 정밀하고 더 특수화된 개념인지를 통찰하기란 매우 어렵기 때문에 베버의 짐멜에 대한 비판은 매우 터무니없다고 주장한다.

짐멜은 결코 사회학이라는 학문이 보편적으로 상호작용이나 인간관계만을 연구하는 것이라고 이해한 것은 아니다. 오히려 그는 사회학적 연구란 상호작용의 특수한 형식들을 연구해야 하는 것이라고 주장한다. 그는 특수한 문제들에 대해 학문적으로 구획을 짓는 방법을 제시하며 사회학 연구는 갈등, 계층화, 노동분화 등과 같은 현상들을 분석해야 한다고 한다. 그리고 이러한 것들은 사회적 결속의 관계들이 지니는 특징들을 그들을 이루는 내용들로부터 분리해 낼 때 이루어지게 된다고 한다.

베버에게는 사회적 행위의 내용만이 세분화될 수 있는 가능성들을 제공할 뿐이다.[109] 뒤르껭처럼 베버 또한 사회과학들은 경제적, 정치적 그리고 종교적 관심사들 같은 세분화된 특징들을 반영하는 내용상으로 다양하게 나누어진 분야들에 기초하여 전문성을 지니게 될 때에야 비로소 학문 사이의 구분이 명확해진다고 보았다. 그러나 뒤르껭은 내용이 상호작용의 형식들보다 사회성을 덜 지니고 있다고 보아 형식

---

108) B. Nedelmann(1988), p.16.

109) *Ibid.*

과 내용의 융합을 오류로써 지적한 반면[110](즉 이는 동기 유발과 규범들이 사회에 의해 형식화됨을 의미한다) 베버는 내용만이 행위자에게 의미를 부여한다고 믿어 그들 사이의 융합을 중요시하였다. 행위자가 사유한 의미를 이해할 수 있는 가능성만이 사회과학의 고유한 강령과 고유한 방법론을 부여한다고 한다.

뒤르껭의 저서들에서 사회의 범주가, 또는 베버의 저서들에서 합리성(Rationalität)의 범주가 중심적 위치를 차지하듯 짐멜의 사회학적 연구들에서는 형식의 범주가 중요하게 자리하고 있다. 리바인은 짐멜이 제시한 사회적 결속의 형식들을 설명하면서 그의 저서에서 네 가지 유형의 형식들을 추출하여 구분한다.[111]

1) 일차적인 사회적 과정들로서의 형식들

개인이 스스로의 욕구들, 목적들, 관심들 그리고 감정들을 사회적으로 실현하려 할 때에는 특정한 형식들이 창조된다. 일차적인 상호작용의 과정들로서 진행되는 형식들은 단지 미미한 안정성만을 지니는 것이 전형적이다. 이들은 상호작용의 과정들이 진행되는 동안 변화하여 다른 형식의 유형들을 산출해 내는 경향을 보인다.

---

110) 1900년에 처음으로 발행된 짐멜의 시각에 대한 날카로운 비판서에서 뒤르껭은 사회적 삶을 형식과 내용으로 분리하는 것은 지나치게 추상적이고 임의적인 것으로 파악하여 이의 수용을 거부하였다. 개념적으로 분리한다는 것은 곧 그들의 자연적인 구분의 특성에 알맞게 사실들을 분리시켜야 하며 이렇지 않을 경우 이들은 지나치게 환상적인 구성들과 공허한 신화로 추락한 것으로 판단된다고 뒤르껭은 주장하였다. 사회적 삶의 내용은 집단성의 외적인 형태들보다 사회성을 덜 지니기 때문에 사물들의 본성 내에는 짐멜에 의해 행해진 구분을 위한 근본토대가 존재하지 않는다. D. N. Levine(1984), p.320.

111) B. Nedelmann(1988), p.24 이하

2) 제도로서의 형식들

형식들은 개인들의 근원적인 희망들이나 욕구들로부터 독립하여 고유한 법칙으로 발전될 수 있다. 이화 함께 상술한 첫 번째의 형식유형을 객관화(Objektivierung)함이 중요하다. 객관화 과정들은 일반적으로 보아 상대적으로 안정되어 있다. 왜냐하면 이들은 개인들의 동기유발들과 희망들(내용들)이 변화될 경우 그 후에도 스스로를 지속적으로 지탱하려는 경향을 지니기 때문이다.

3) 독자적인 유희의 형식으로서의 형식들

만일 개인들이 스스로의 의지에 의해 상호작용을 중지할 경우 형식들은 아직은 자주적이라고 볼 수 있다. 사교, 운동 그리고 유희들이 이러한 유희의 형식들에 속하는 몇 용례들이다.

4) 세계들로서의 형식들

특정한 행위의 규칙들이 개인들 간에 일어나는 상호작용들의 구조를 규정할 때 개인들이 실현하려 하는 특정한 내용들은 독립적인 더 이상의 축소가 불가능한 경험적 세계로 발전될 수 있다. 예술, 종교, 학문들 그리고 정치가 그런 경우이다. 베버였다면 이 네 번째의 형식유형을 사회적 영역이라 표현했을 것이다.

만일 짐멜의 사회학에 대한 관심이 이상과 같은 네 가지 유형의 형식들을 연구하는 데에만 국한되었었다면 심리적 측면에서 상호작용들을 묘사해야 하는 데에 대한 필요성을 왜 그가 강조하였었는지에 대해 질문되어야 했을 것이다.

이로 미루어볼 때 뒤르껭의 저서들에서 사회의 범주가, 또는 베버

의 저서들에서 합리성의 범주가 중심적 위치를 차지하듯 짐멜의 사회
학적 연구들에서는 형식의 범주가 중요하게 자리하고 있다.

□ 맺음말

짐멜의 사회이론은 철학적이고 심리학적이며 역사학적 학문기반 위
에서 이루어졌다. 이러한 여러 분야의 다양한 방법론들이 짐멜에게 사
회학적인 지적 토대를 제공해 준 것이다. 짐멜이 무엇보다도 특수한
역사적 관계들을 파악하는 데 도움이 되었던 것은 칸트의 비판주의와
이에 연관된 헤겔식의 역사철학적 사고방법들이었다. 이를테면 역사라
는 것은 인식하는 주체로서의 정신적 범주에 알맞게 체험된 사건들의
직접적인 형식화를 의미한다. 이와 더불어 이러한 형식화의 개념은 역
사적 인식을 위한 소재나 무정형의 사건을 형이 지워질 수 있는 역사
적인 사건으로 이르게 하는 정신의 형식들로서 역사의 내용에 대한
이론적 분리를 가능하게 하는 근본이 된다.

이로부터 짐멜은 그의 사회학의 방법적 원칙을 찾게 되는데 이러한
원칙들이란 인간 상호행위의 기본소재인 내용들이나 목적들 그리고
욕구들 같은 사회학적인 개념적 추상성 내에서 사회적 결속의 형식들
을 분리시키는 것을 이른다. 이러한 마치 물질적 재료 같은 기본소재
들은 사회적 결속 내에서 그러한 행위의 과정들을 구체화시킬 수 있
는 사회적 결속의 형식을 위한 기본 전제조건들이다. 짐멜이 이미 그
의 저서 「사회학」(1992b, 35쪽 이하)에서 서술하였듯이 모든 사회적
인 과정들과 본능들은 그의 자리를 그 스스로의 영혼 속에 가지고 있
으며 사회적 결속은 일종의 물리적인 현상으로 파악된다. 그리고 영적
인 동기들과 감정들 생각들과 욕구들은 모든 사회적 현상들의 핵심을

결정하며 이들로부터 유래하는 사회적 상호작용들의 복잡성은 경험적이고 과학적이며 심리학적인 방법들에 의해 밝혀진다.

사회는 원래 무형의 추상적 성격을 띠고 있으며 개인들의 의식 내에서 형식화되고 이러한 의식의 형식화를 통한 사회적 결속을 바탕으로 이루어진다. 바꾸어 말하면 개인의 범주화된 의식이 곧 사회의 의식이며 이는 개인과 사회가 분리될 수 없는 하나라는 것으로 이해될 수 있다. 왜냐하면 개인의 기본토양은 곧 사회를 통해 형성되기 때문이다. 이러한 짐멜의 사회이론은 미드가 '사회적 자아(soziales Selbst)'를 '구조(Struktur)'가 아닌 '과정(Prozeß)', 즉 사회적 상호작용을 '반사적인 과정(reflexiver Prozeß)'으로 파악한 것과 근본적으로 많은 연관성 지니고 있다.

짐멜에 따르면 인간은 태어나면서부터 자신의 성, 나이, 지위, 타고난 시대적 공간적 배경, 사회적 조건 등에 따라 다양한 사회영역(soziale Kreise)들에 속하게 되며 이 사회의 영역들은 보다 상위에 있는 영역들에 의해 일정한 정도로 서로 교차하며 병존한다.

인간은 일생 동안 개인적 관심사, 성격, 직업 등에 의해 동질의식을 바탕으로 묶여진 안정성을 띤 범위들 속에서 살게 되며 그와는 다른 성격을 지닌 이질적인 영역들과 부딪히게 될 때 자신이 속한 영역에 대한 소속감이나 스스로가 자신이 사회적 역할을 지닌 사회의 한 기관(Instanz)이라는 존재에 대한 의식을 더욱 강하게 가지게 된다. 그러나 다른 한편으로 스스로의 존재에 대한 인식의 문제나 일반적으로 사회 도덕적인 면에서 풍부한 자극을 받게 되므로 자신이 유일한 존재라는 느낌을 형성하고 발전시키게 되어 개인화가 이루어지는 첫걸음을 내딛게 된다. 이제 인간은 자신이 어느 사회에 속할 것인가를 자유롭게 결정하게 되고 이 결정의 과정에서 개인의 정신영역은 세분화된다. 개인이 속한 영역들의 숫자가 짐멜에 따르면 곧 문화화된 척도 (Gradmesser der Kultur)를 나타내는 기준이다.

그러나 한편 위에서 말한 바와 같이 이 과정에서 인간은 서로 다른 사회와 문화에 접하게 되면서 그 사이에 놓인 상이성과 모순들을 발견하게 된다. 이전의 전통사회에서는 가족이나 친척 종교사제들이 한 영역 내의 구성원들을 서로 긴밀하게 결속시켜주는 중심역할을 하였지만 산업화가 이루어지고 여러 다양한 부문으로 분화가 이루어져 직업체계가 삶의 중심을 이루는 근대 이후의 사회에서는 종교와 일차집단들의 구속력이 약해짐으로써 개인들은 자신이 전체를 이루는 한 일원이라는 자각을 잃어버리게 되고 윤리와 사회규범에 대한 의식과 가치체계 또한 느슨해진다. 이는 더 나아가 개인의 이익이 전체를 위한 공익과 당위성보다 우선되는 결과를 빚어 급기야 일탈(Abweichung)이라는 사회현상을 일으키게 된다. 일탈집단들은 한 사회가 항상 안정성만을 지니고 있지는 못하다는 것을 확인시켜주며 개인들로 하여금 그 사회에 내재되어 있는 문제들에 대해 생각하게 하고 그를 통해 다른 사회규범들에 눈을 돌리게 한다.

짐멜은 규범과 도덕을 당위적인 것으로 파악한다. 사회는 즉 사익보다 공익을 우선시하며 이기주의적인 경향으로부터 벗어나 이타적인 쪽으로 발전해 나아가야 한다는 것이다. 주체와 객체가 서로 상호작용을 통하여 변증법적으로 조정되고 개인적인 이해관계와 의무의식이 서로 조정되어 조화를 이룰 때 사회는 진정한 의미에서 도덕적 가치들이 체계화된 사회로서 자리할 수 있다는 것이다.

제**4**장

문화이론112)

□ 문화이론

짐멜은 고전 사회이론가로서뿐만 아니라 문화철학자로서도 많은 업적을 남겼다. 짐멜의 문화이론은 다음과 같은 물음으로부터 시작된다. 문화는 근원적으로 어디에서부터 유래하는가? 그리고 어떻게 무엇에 의해 문화는 지속적으로 발전되는가? '문화의 비극'이란 무엇이며 어떻게 일어나는가? 짐멜의 문화이론은 바로 이러한 물음에 대한 방법론적인 해답이라고 할 수 있다.

1. 문화에 대한 발상

짐멜의 문화이론은 다음과 같은 몇 가지 물음으로부터 시작된다. 문화는 어디에서 근원하는가? 그리고 어떻게 무엇에 의해 문화는 지속적으로 발전되는가? 그리고 '문화의 갈등'이란 무엇이며 또 '문화의 비극'이란 무엇을 의미하는가? 짐멜의 문화이론은 바로 이러한 물음에 대한 방법론적인 해답이라고 할 수도 있다.

짐멜에 따르면 인간의 문화에 대한 사고는 먼저 인간의 의식으로부터 연유한다. 하지만 이러한 의식이 혼란스러운 채로 존재하는 한은 ― 즉 아직 구체화되지 않은 상태라면 ― 거기에서는 일상생활에서 중요한 의미를 지니는 문화가 하나도 생성될 수 없다. 왜냐하면 문화는 의식의 범주화 곧 형식화를 통해서 구체화되기 때문이다.[113] 인간은 동물처럼 세계의 자연적 소여성 속으로 아무런 의심 없이 편입되는 것이 아니라 스스로 그로부터 떨어져 나와 그와 대질한다. 짐멜은 문화의 근본발상(Idee der Kultur)이 이러한 '이원론'의 중심에 자리잡고 있어야 한다는 전제를 제시한다.[114]

인간에게 문화의 대상들이란 그의 경험이 결정화된 것이며 이것을 더 보편적으로 말한다면 문화적 산물들의 내용이란 이 산물들을 창조해 내는 주체들에 의해 경험된 어떠한 것으로 표현될 수 있다. 이와 같은 대상들의 형식적인 특성은 인간적 경험을 통해 갖추어진 구조화의 기능이다. 그리고 짐멜이 연구했던 여러 다양한 문화적 부문들 중

---

113) 「역사철학의 문제들(Die Probleme der Geschichtsphilosophie, 1892)」이라는 짐멜의 연구는 의식을 범주화하려는 이러한 시도의 한 부분이다. M. Landmann(1987)과 P. E. Schnabel(1974)을 참고할 것

114) *Ibid.*

에서도 그가 본질적으로 관심을 가졌던 것은 철학적 양식이었다. 이런 점에서 그는 자신의 문화에 대한 연구를 '의미부여(Sinngebung)'로 명명하였다. 즉 그는 문화적 산물들에 의미 혹은 특성을 부여하고 이들을 더 이해하기 쉽고 가까이 하기 쉽게 하려고 시도하였다.

이 같은 짐멜의 시도에는 서로 분리될 수 없는 두 가지 과제들이 포함되어 있다.[115] 우선 문화를 이루는 다양한 요소들 간에 맺어져 있는 관계의 정교한 상호구조를 발견하고 접합하는 일이다. 이를 위해 우선 문화요소들을 찾아내어야 한다. 그 후 그 문화적 요소들 간에 상호관계들이 맺어져야 한다. 이를 위해서는 각개 요소들의 동일성들과 상이성들이 명료하게 인식되고 발견된 요소들은 보편적 원칙들에 의해 서로 종합되어야 한다. 그러나 짐멜이 제시한 과제들은 만일 문화의 세계가 인간의 삶 그리고 경험들과 어떠한 방법으로든 의미 있는 관계를 맺지 못한다면 완성될 수 없는 것이다. 이러한 짐멜 식의 시도가 지닌 양면성은 형식과 내용을 구분하는 이론적 구상을 위해 유용하게 사용된다. 특히 짐멜에게 있어서 객체의 형식, 제도들, 태도의 표본 그리고 규범과 내용을 구분하는 일은 문화적 산물들 간에 안정된 질서를 유지시켜주는 하나의 방법으로 간주된다.

종국적으로 모든 세세한 내용들과 다양하게 변화하는 형식들에 관해 한 쌍을 이루고 있는 최상의 상대개념이 탄생된다. 즉 스스로의 내부에서 결정되나 그 안에서는 우리에 의해 직접적으로 파악될 수 없는 현존재인 내용으로서의 세계(Die Welt als Inhalt), 이 내용을 우리는 원칙적으로 모든 존재의 총체성을 그의 내용으로 획득하는 다양한 형식들이 형성된 연 후에서야 파악할 수 있게 된다. 학문과 예술, 종교와 세계에 대한 감성적이고 내면적인 이해 즉 이와 이외의 다른 많

---

115) R. H. Weingartner. 1959. p.34를 비교 참고할 것.

은 것들이 세계의 실체(Weltinhalt)를 이루는 각개의 세세한 부분을
소위 여과할 수 있는 또는 여과해야 하는 거대한 형식들이다.[116] 이
러한 형식과 내용의 개념은 다양한 문화의 영역들을 분석하는 데에
강력한 분석도구로 쓰인다. 형식과 내용은 그래서 사실상 그의 경험철
학에서 가장 중요하게 다루어지는 관점이다.[117] 그리고 이 개념들은
문화를 분석하는 과정에서 문화적 산물들과 인간들 사이에 중요한 관
계를 맺어 놓는다. 이러한 토대 위에서 짐멜은 생철학과 경험철학을
기초로 하여 그의 문화철학이론의 틀을 만들어낸다.

짐멜은 문화의 형성과 그 형식의 발전을 사회적 진행과정들의 결과
로서 파악한다. 그에 따르면 1) 모든 사회적 과정들은 개인들 간에 이
루어지는 상호작용에 기인한다. 2) 이러한 상호작용들로부터 결과적으
로는 특정한 제도들과 규칙들로 압축되는 태도와 행위의 견고한 표현
들이 추출된다. 3) 이와 같은 상호작용의 표본들로부터 사회조직들,
문화적 구성체, 문화의 단위들과 유형이 형성되고 또 형식화된다. 문
화의 형식화 과정을 거치면서 다음의 예들처럼 즉 종교적 상호작용들
로부터는 종교적 제도들이 종교적 제도들로부터는 교회조직이 발전되
어지며 결국은 종교문화의 영역이 형식화된다.

하지만 이러한 사회적 발전과정들은 개별적 문화구성원들에게 단지
제한적으로만 인지될 수 있다. 개인의 관심은 우선 자신의 사적인 주
변 환경에 놓여 있는 것이지 사회적인 변화들을 향하지는 않기 때문
이다. 여기에는 여러 원인들이 있다. 첫째 개인은 사회적 과정들에 별
로 직접적으로 해당되지 않기 때문에 사회 발전과정들을 지각하지 않
는다. 사회적 과정들에 의해 발생된 사회의 변화들은 공간적으로나 개

---

116) G. Simmel. 1913. Hauptprobleme der Philosophie, Berlin und Leipzig, p.16.
117) R. H. Weingartner. 1959. p.34 이하.

인들에 따라 다양한 단위들로 나누어짐으로 직접적으로 개인들의 의식과 지각 속에 자리하기는 힘들다. 게다가 이 과정들은 인간이 특정한 역사적 단면으로만 고찰하는 시기들 내에서 완성된다.

그리고 짐멜은 주체나 객체 간에 이원적 과정이 무한하게 일어남을 가정한다. 그는 문화에 대한 발상이 이러한 '이원론'의 중심에 자리하고 있다고 주장하며118) 여기에는 가치나 혹은 의미가 부여되어서는 안 된다고 한다. 인간 인식능력의 보편적 특성은 바로 객체들을 구분할 수 있는 능력이다. 하지만 여기에 또한 짐멜의 소위 '문화의 비극'이라는 근원적이고 철학적인 이유가 숨어 있다. 왜냐하면 그는 진보적으로 사물들을 구별해 나가는 무한한 과정을 문화가 성립될 수 있는 전제로서 받아들이기 때문이다. 짐멜은 초기부터 줄곧 이분된 두 극들 사이를 이리저리 움직이며 오고 가면서 사물의 중간에 '놓여 있는 어떤 것(Das Bleibende)'을 찾으려고 노력하였다.119)

2. 문화의 개념

문화는 자연적 산물처럼 인간세계에서 단순하게 형성되는 것이 아니라 인간의 욕구들이 그들의 행위영역에서 충족되면 자신의 그러한

---

118) G. Simmel. 1983a. Der Begriff und die Tragödie der Kultur, in: ders., Philosophische Kultur. über das Abenteuer, die Geschlechter und die Krise der Moderne. Gesammelte Essais, Berlin, p.183.

119) 이러한 관점에서 보면 짐멜의 문화론은 아주 철학적이다. 이런 점들을 종합하여 볼 때 우리는 짐멜을 무엇보다도 문화철학자라고 부를 수 있다. 자세한 것은 Weingartner, Rudolph H.(1959), Form and Content in Simmel's Philosophy of Life, in: Georg Simmel, 1858~1918, hrsg. von Kurt H. Wolf, p.33을 볼 것.

충족된 욕계(欲界)로부터 문화적 산물들이 창조된다. 화폐의 철학에서 짐멜은 문화의 전제조건을 가치와 연관지어 다음과 같이 기술한다.

만일 우리가 정련된 것들 곧 정신적으로 승화된 삶의 형태들이나 인간의 내적이고 외적인 노동을 통해 얻어낸 결과들을 문화로 규정한다면 그에 따라 우리는 이러한 가치들을 그들의 고유하고 사실적인 의미만 가지고는 아직 자주적이지 못하다고 분류한다. 자연적으로 우리에게 주어진 원천적인 힘(Energie)은 ─ 이는 물론 현실적인 발전의 뒷전에 머물러 있어야 한다 ─ 문화개념의 전제조건이다. 왜냐하면 문화의 개념에 따르면 삶의 가치들은 곧 문화화된 자연(kultivierte Natur)으로 인식되기 때문이다.[120]

짐멜의 문화개념은 본질적으로 서로 다른 양면을 보여준다. 즉 한편으로 문화는 스스로에게 이르기 위한 영혼의 길[121]이며 다른 한편으로 문화는 객관적 문화에 의한 주체의 인성형성(Persönlichkeitsbildung)인 것이다. 첫 번째 표현은 문화는 정신적으로 생산된 객체적인 구성체들을 거치는 우회를 통해서야 가능하다는 것이다.[122] 즉 위에서 이미 언급한 것처럼 문화라는 근본적인 생각 곧 발상은 주체의 의식 속에 자리하고 있는 것이며 이러한 의식은 의식의 구체적인 범주화를 거친 후 주체의 이념을 떠나 주체의 반대편에 서 있는 나머지 세계 곧 객체를 통해서야 우리가 실제로 문화라고 부르는 현실적 대상으로

---

120) G. Simmel, 1991, Philosophie des Geldes, Frankfurt a. M., p.617.

121) 짐멜의 문화론에는 'Seele'라는 용어가 자주 등장하는데 이를 한글로 옮길 경우 '영혼'이나 '정신' 두 가지로 옮길 수 있으나 짐멜에 있어서는 'Geist'라는 일반적으로 '정신'이라 번역되는 용어들이 또한 자주 등장하므로 혼동을 피하기 위하여 여기에서는 'Seele'를 '영혼' 'Geist'를 '정신'으로 옮기는 것을 원칙으로 한다.

122) G. Simmel, 1983a, p.183.

우리 앞에 모습을 드러내게 된다. 이것은 우리가 예술가의 이념, 상상, 사색 속에서 예술품이 먼저 구상화되고 그것이 후에 하나의 예술품으로 탄생되는 것을 그 예로 들 수 있다. 그리고 이러한 문화적 객체 곧 문화화된 대상들은 그로써 주관적인 문화로 발전할 수가 있는 것이다. 이런 영적인 진행과정을 통해 인간의 정신은 문화의 대상을 거쳐 우회될 때에만 완전하게 된다. 이러한 길을 짐멜은 스스로에게 이르기 위한 영혼의 길이라고 명명하였다.[123]

인간은 세계의 자연적 소여성 속에 단순히 서 있는 것이 아니라 내적인 욕구들의 요구에 의해 스스로를 세계의 질서 내에 배열시킨다. 이는 인간이 스스로에게 주어진 범주화된 그리고 서로 마주보고 서 있는 세계를 통하여 다른 위치의 세계에 대해 새롭고 창조적으로 뿌리를 내리려고 시도한다는 것을 의미한다. 이러한 과정을 가지고 짐멜은 '더 나은 삶(Mehr-Leben)'과 '삶 이상의 삶(Mehr-als-Leben)'으로 명명되는 삶의 개념을 유추해 낸다. 그리고 또한 형식과 내용의 분리를 통하여 문화와 생철학으로 이르는 길을 열어놓게 된다. 이는 삶이 항상 유동적임을 의미하는 동시에 또한 삶이 형식과 내용 간에 무한하게 이루어지는 상호작용과 역사적 연장선상에 서 있다는 것을 의미하기도 한다.

이러한 인간의 이원론적 성격과 더불어 주체와 객체[124] 간에 일어

---

123) *Ibid.*

124) 여기에서 짐멜이 의도하는 '주체와 객체'에 대해서 간단히 살펴보자. 짐멜은 그의 저서 「화폐의 철학(Philosophie des Geldes)」에서 주체와 객체에 대한 그의 기본적인 생각들을 언급한다. 그에 의하면 주체란 스스로에 의해 파악될 수 있는 것이며 그 이외의 모든 세계는 객체로서 주체의 반대편에 위치하게 된다. 그리하여 인간은 자신 스스로를 의식하고 스스로에게 자아라고 말할 수 있는 한 그가 세계와 맺고 있는 관계나 세계의 현실적 수용에 대한 형식을 가지게 된다. 주체와 객체, 형식

나는 무한한 과정은 지속적으로 발전된다. 짐멜의 문화론은 이렇듯 문화란 단지 주체와 객체계 사이에서 일어나는 상호작용 내에서만 실현될 수 있다는 데에서 출발한다. 왜냐하면 이러한 '이원론'의 한가운데 문화에 대한 발상이 자리하고 있기 때문이다. 하지만 이 같은 발상에는 아주 이원적이고 약간은 애매모호하게 표현할 수밖에 없는 내면적인 사실이 놓여 있는 것도 사실이다. 이는 곧 짐멜이 표현한 바 있는 '스스로에게 이르기 위한 영혼의 길'로 일컬어질 수 있다.[125]

짐멜은 문화개념을 규정하면서 문화적 발전의 조건들을 '문화성(Kultiviertheit)'과 '문화화(Kultivierung)'로 구분한다. 인간이 이러저러한 각개의 지식과 능력을 자기 속에 형성했다고 해서 문화화된 것은 아니며 이러한 모든 것이 지식과 능력을 형성하는 것과 결부되어 있으면서 개인의 중심점 역할을 하는 영적 발전을 와해시키지 않을 때에야 문화화되었다고 말할 수 있다.[126]

인간은 그의 의식적인 노력을 통해 개별적인 관심들을 충족시키고 잠재력을 일깨울 수 있으며 그런 연유로 모든 인간의 발전은 매우 다양한 방향과 정도로 진행될 수 있는 성장선들의 한 묶음으로 명명될

과 내용을 이루는 불가피한 관계는 이와 같은 짐멜 문화철학의 근본 범주로부터 출발한다. 이를 종합하여 보면 짐멜은 주체를 지식의 담지자로서 파악하며 또한 한 사회가 사회적으로 결속되는 것을 가능하게 하기 위한 하나의 조건으로 인식한다. 그러나 주체는 선험적 논리질서의 기능들이 총괄된 것으로서가 아닌 현실 존재적인 요소나 심리적인 영향소로서 사회를 사회적 결속으로 치환될 수 있도록 하기 위한 지적인 조건으로 자리하는 것이다. 사회는 지적 사실인데 세밀히 살펴보면 인식의 대상으로서가 아닌 존재로서의 지적 사실이다. G. Simmel. 1991. Philosophie des Geldes. Frankfurt a. M., p.31f.

125) *Ibid.*
126) *Ibid.*, p.184.

수 있다. 그러나 인간은 이러한 단편적 완성들을 통해서가 아니라 정의할 수 없는 개별적 단위를 위해 그들 스스로가 의미를 지닐 때 문화화된다. 이렇게 볼 때 문화란 폐쇄된 단위로부터 다양함에 의해 발전된 단위로 상승되는 진행과정이다.[127]

문화화란 어떤 한 고유한 존재의 합목적적 적용을 의미한다. 그렇지 않을 경우는 문화성으로 규정된다. 짐멜은 정원의 과일을 예로 들어 문화화와 문화성의 차이를 설명한다. 딱딱하고 먹을 수 없는 열매를 맺는 나무를 정원사가 그의 공들인 노동을 통해 가꾸어 마침내는 먹음직스러운 과일이 열리도록 키우는 것을 우리는 문화화라고 명명할 수 있다. 또한 이 경우에 야생의 나무는 정원의 과수로 문화화되었다고 말해질 수도 있다. 이와 반대로 만약 똑같은 나무가 돛대로 만들어질 경우는 돛대를 만들기 위한 목적으로 사람들이 적지 않은 노력을 들이지만 그럼에도 불구하고 이 경우 우리는 결코 나무가 돛대로 문화화되었다고는 이야기하지 않는다.[128]

돛대 형식에는 과일나무라는 나무 원재와 비교해 볼 때 나무 스스로와는 거리가 있는 목적체계와 그의 고유한 존재경향들 내에는 전혀 형식화되어 있지 않은 것이 첨가된 반면 나무에 과일이 열리게 된 데에는 과일 나무라는 실체에 본래 내포되어 있는 목적지향에 의해 미리 표시된 가능성들이 정원사의 노력에 의해 채워지고 실현된 것이다. 이러한 의미로 볼 때 인간이 모든 습득 가능한 지식들이나 노련함, 정제됨 등을 지녔다고 해서 실제적인 문화성을 부여받게 되었다고 아직 규정할 수 없는 것이다.[129] 이러한 관점에서 보면 '문화성'은 '문화화'

---

127) *Ibid.*, p.184 이하
128) *Ibid.*, p.185.
129) *Ibid.*

이루어지기 위한 하나의 전제 조건이다. 실제로 문화성이 지니고 있는 가장 순수하고 심층적인 의미로 보면 문화성은 정신이 스스로부터 스스로를 찾아가는 즉 우리의 가장 참된 자아로부터 자아의 현실을 찾아갈 수 있도록 가능하게 해주는 가능성의 모든 방법들이 단지 인간의 주체적이고 개별적 능력에만 제한되어 있는 곳에는 존재하지 않는다.[130] 이로써 짐멜은 우리에게 문화가 정신적 가치의 최후의 결정 상태에만 관련된 것이 아님을 보여준다.[131]

짐멜에 따르면 오히려 문화의 가치는 문화가 인간의 정신적인 발전을 촉진하는 새로운 것을 끊임없이 창조해 내는 가운데 형성된다. 베버(M. Weber)는 순수한 행위이론(의미지향적 행위)에 근거하여 가치의 문제성에 접근했던 반면 짐멜은 행위 내에서 명백해질 수 있는 정신적 요소들을 함께 고려하였다. 왜냐하면 그는 개인들에 의해 문화상품(Kulturgüter)들에 귀속되는 가치들은 이들이 개인들의 정신을 완전하게 하는 데에 얼마나 기여하는가에 따라 측정된다고 보았기 때문이다.

이제 문화개념의 두 번째 측면 즉 인성형성[132]에 관해 살펴보자. 이는 짐멜에 따르면 문화적 산물들과 다른 문화에 속해 있는 문화구성원들과의 분석을 통하여 단계적으로 이루어진다. 인간은 자신이 살고 있는 세계의 외부에 놓여 있는 문화의 대상들과 내부에 자리한 개별적 법칙을 초월하면서 단계적으로 문화화되는데 이로써 스스로의 진정한 완성에 이르게 된다: 어떤 객체적으로 정신화된 구성체들—즉 예술과 윤리, 학문과 목적에 따라 형식화된 대상들, 종교와 법, 기

---

130) *Ibid.*, p.186.

131) *Ibid.*

132) Dörr, Felicitas. 1993. Die Kunst als Gegenstand der Kulturanalyse im Werk Georg Simmels, Berlin, p.55.

술과 사회적 규범들—이들은 주체가 주관적 문화라 불리는 특수하고 고유한 가치를 획득하기 위해서 통과해야만 하는 단계들이다. 문화는 —그리고 이것은 항상 문화를 이해하는 데 기본적인 것인데—서로가 완전히 분리된 두 가지 요소들이 즉 주체적 정신과 정신의 객체적 산물이 함께 수반될 때에 형성된다.[133]

이러한 주관적 그리고 객관적 문화의 관계형식을 짐멜은 '문화의 역설(Das Paradoxon der Kultur)'로 표기한다. 문화의 내용들은 자세히 살펴보면 주체들에 의해 창조되고 주체들을 위해 규정되지만 주체들에 의해 요구되는 것들을 이쪽과 저쪽에서 모두 수용하여 만든 객체성의 중간적 형식 안에서 내재된 발전 논리를 따른 결과 그 근원과 목적 양쪽으로부터 모두 멀어지는 역설을 지니고 있다. 이것이 곧 문화의 역설이다.[134] 형식과 내용, 주체와 객체, 주관적 문화와 객관적 문화, 주체성과 객체성 간에 이루어지는 상관관계는 삶의 진행과정 중 모든 분야들 내에 존재한다. 이들 양극들은 서로 대치되어 있으며 서로 영향을 주고받는다. 짐멜은 이와 같은 이원론적 근본형식으로부터 변증법적인 통합을 이루어내려고 시도하였다. 이러한 맥락에서 짐멜은 문화의 통합형식—즉 종합적인 문화(Synthese der Kultur)—에 관하여 언급하였다.

짐멜에 의하면 상호작용의 과정들 중에서 객관적 문화는 주체들의 정신적 활동들과 다름없이 변화를 겪는다. 만일 창조적 주체들이 개별적으로 발전을 계속하면 종국적으로는 그들의 경계를 넘어서게 되고 더 나아가서는 객체적인 과제들에 몰입함으로써 스스로를 잊을 수 있게 된다고 한다.[135] 내용들의 존재 즉 문화의 객체적 요소를 창조해

---

133) G. Simmel. 1983a. p.186.
134) *Ibid.*, p.201.

내는 정신들, 이 정신들은 아마도 그들 능력의 동기들과 가치를 문화에 대한 발상에서 직접 차용하기를 거부할 것이다.[136] 이러한 상황을 짐멜은 문화의 종합이라 명명한다.[137] 문화는 항상 종합적이다.[138] 그러나 이러한 종합이 유일하고 가장 직접적인 통합의 형식은 아니다. 왜냐하면 종합 명제란 항상 그보다 선행적인 과정으로써 그리고 그의 상관 개념으로써 구성요소들이 분해될 수 있음을 전제로 하기 때문이다. 단지 예를 들어 현대와 같이 분석적으로 규정된 시간만이 종합적인 것 내에서 가장 심층적인 것, 세계에 대한 정신의 형식적 관계에 관한 한 일부이자 전부를 찾아낼 수 있는 것이다.[139] 이런 점은 특히 천재들에게서 찾아볼 수 있는 경우로 이들에게서는 주관적이고 객관적인 문화로 구분되는 '이원론'을 찾아볼 수 없다. 즉 그들은 그들 자신의 능력을 방출하고 그들 스스로로부터 문화적 삶의 내용들을 소거하여 그들의 본성을 최고로 살리며 또한 고유한 법칙에 따라 이루어진 완전성 내에서 주체가 스스로를 잊게 되고 또 스스로 소실되는 본질에 대한 열정 등을 지니고 있다.[140]

---

135) F. Dörr. 1993. p.56.

136) G. Simmel. 1983a. p.192 이하.

137) *Ibid.*

138) 이러한 종합명제는 짐멜에게 있어서는 제3의 것(Das Dritte)과 동일한 맥락에 서 있다. 수스만(M. Susman)의 견해로는 이는 다음과 같이 이해될 수 있다. 주체와 객체, 삶과 죽음, 존재와 당위, 현실과 관념은 제3의 아직은 발견되지 않은 정신과 삶의 형식과 조정되어야 한다. 절대적인 것의 표현으로 나타나는 제3의 것은 형이상학적 형식 내뿐 아니라 신비적인 것의 형식 내에도 게다가 종교적인 것에도 짐멜의 상대주의적 사고에 의해서도 항상 최후의 대상으로 남아 있었다.(Simmel. 1918. p.19)

139) G. Simmel. 1983a. p.192 이하.

140) *Ibid.*

3. 정신과 삶

앞에서 언급한 것처럼 짐멜의 생철학의 기초는 '영혼(Seele)'과 '삶
(Leben)'이라는 두 중요한 개념들에 그 뿌리를 두고 있으며 이 두 개
념으로부터 그의 문화의 개념이 유래한다. 그래서 우리는 이 개념들을
제쳐두고 그의 사회학이나 생철학 모두를 이해할 수 없다. 짐멜은 그
의 저서 화폐의 철학에서 자본주의적 또는 공업사회적인 세기말의 사
회질서에서 소외된 자아상을 그려 내었다. 이어서 그는 다양한 삶의
양식들에 대한 표현으로서 자아와 사물 사이에 놓여 있는 거리가 어
떻게 변해가는지 고찰하고 이러한 변화의 과정 중에서 화폐가 어떠한
역할을 하는지 분석한다.141)

그는 특히 대도시와 정신적인 삶(Die Großstädte und das Geiste-
sleben)142)에서 근대적인 삶이 당면하게 되는 문제들에 관심을 가진
다. 대도시는 특히 화폐경제에 의해 지배당한다. 말하자면 개인에게도
대도시적인 정확성, 산정성, 정밀성이 강요되는 것이다. 화폐가 지닌
교환가치에 의해 이루어지는 특색, 인성과 자주성의 평균화는 각기 다
른 관심을 가진 여러 사람들을 한곳으로 모이게 하고 전형적인 대도
시 거주자들 간에는 다양하고 복잡한 관계들이 맺어지도록 한다.143)
근대에서 도시들은 경제적 노동분화의 최고 중심지들이며 상품들이

---

141) G. Simmel. 1991. Philosophie des Geldes, Frankfurt a. M., p.655 이하.

142) G. Simmel. 1957a. Die Großstädte und das Geistesleben, in: Brücke
und Tür. Essays des Philosophen zur Geschichte, Religion, Kunst und
Gesellschaft, hrsg. von Michael Landmann, Stuttgart, p.227-242.

143) 이에 대한 자세한 것은 김태원의 다음 책 중 '짐멜'부분을 참고할 것.
Kim, Tae Won. 1999. G. Simmel, G. H. Mead und der Symbolische
Interaktionismus. ─Geistesgeschichtliche Zusammenhänge, soziologische
Systematik ─

대량으로 생산되는 근원지이다. 그러나 여기에서는 질(Qualität)이 아닌 양(Quantität)이 중시된다.[144]

짐멜은 근대문화의 발전은 객관적 문화의 우세로 특징지어진다고 보았다.[145] 근대적인 삶은 주체와 주체에 의해 생산된 객체 사이에서 항상 동일하지 않게 진행된다. 정신에 의해 구현되는 주관적인 문화는 항상 불완전하며 갈수록 객관적 문화와 점차 더 큰 '거리'를 지니게 된다. 이와 같은 주체와 객체 사이의 불균등한 발전으로부터 내적이고 외적인 갈등이 야기된다. 이러한 문화적 갈등의 진행과정은 마침내 비극의 동기로 발전되게 된다.

영혼은 짐멜이 보통 삶이라고 하는 것의 기본토대이며 가장 심오하고 내면적인 것이다. 짐멜의 영혼개념은 합리적이고 자연과학적인 구성들에 대해 상반적으로 형성되며 여러 근원으로부터 합류된 것이다.[146] 이 개념은 에케하르트(Meister Eckehart, 1260~1328),[147] 쇼펜하우어(Arthur Schopenhauer, 1788~1860), 니체(Friedrich Nietzsche, 1844~1900) 그리고 짐멜과 친분이 있었던 게오르게(Stefan George)로부터 영향을 받은 것이다. 짐멜은 이 중 누구보다도 에케하르트에게서

---

144) G. Simmel. 1957a. p.222 이하.

145) *Ibid.*, p.240.

146) Landmann, Michael. 1957. Einleitung des Herausgebers, in: Georg Simmel. Brücke und Tür. Essays des Philosophen zur Geschichte, Religion, Kunst und Gesellschaft., Stuttgart, p. XVIII.

147) 수스만은 다음과 같이 회상하고 있다: 나는(수스만) 그가(짐멜) 하루 종일 에케하르트를 읽고 난 어느 여름날 밤 서쪽 끝에 있는 나의 방에 들어와서 천천히 앉으며 머리를 손으로 고이고 아주 감동받은 목소리로 이야기하는 그를 본다: '우리는 그 같은 사람을 다시는 갖지 못했다 ……; in: Susman, Margarete. 1958. Erinnerungen an Simmel von Margarete Susman, in: Buch des Dankes an Georg Simmel, hrsg. von K. Gassen und M. Landmann, Berlin, p.284.

많은 영향을 받았다. 영혼이란 짐멜에 따르면 더 이상의 표현이 불가능한 어떤 것에 대한 내면과의 직접적인 관계이다. 이는 즉 신비설(Mystik)과 그 후 훗설(Edmund Husserl: 1859~1938)로 대표되는 현상학(Phänomenologie)의 핵심을 이루는 실존의 개념으로부터 짐멜의 영혼개념이 발원됨을 의미한다. 이로 미루어볼 때 짐멜의 영혼개념은 순수한 내면성(내적 존재, 본질, 정관성, 내향성 등)을 포괄하며 즉 이는 하나의 순수하게 내면에 머물러 있는 어떤 것으로 정의된다.148) 이로부터 영혼은 삶에 있어서 하나의 원형(Urform)이며 동력(Dynamik)이라는 추론이 가능해진다.

삶은 자신 스스로로부터 생명을 초월하는 어떤 것과 또한 그의 고유한 내용들과 형식들로 이루어진 객체적 구성체들을 창조해 낸다. 삶의 초월성(Transzendenz)이란 그의 내재성 안으로 수용되는 자신의 가장 독특한 성향이다. 이는 다음과 같은 짐멜의 삶에 대한 특성규정을 보면 더욱 분명해진다: 그(삶-논자 주)의 실재가 현 순간에만 국한되지 않으며 그와 더불어 과거와 미래를 비현실 속으로 움직여 놓고 그들 특유의 항상성은 오히려 이러한 분리를 뛰어넘어 실제상으로 유지되어 과거는 실제로 현재 속으로 유입되어 존재하고 현재는 미래로 빠져나가 존재하는 실존의 방식 - 이 같은 존재의 방식을 우리는 삶이라 부른다.149) 이로 미루어 보면 삶이란 무한한 흐름이며 항상 인간이 주체가 되고 항상 인간 내에서 — 경우에 따라서는 시간과 삶의 흐름 속에서 특정하고 경계지어지지 않은 위치를 차지하고 있는 개인들 내에서 — 빛을 발하는 지속적인 발전인 것이다.

짐멜은 모든 개인들에게는 '체험되고 행해지는 것'150) 즉 완전한 삶

---

148) *Ibid.*
149) G. Simmel. 1918b. p.12.

이 있다는 것에 대해 언급하였다. 모든 행동은 삶이다. 왜냐하면 삶은 전체적인 것으로써 항상 변화하는 행위의 동기에 따라 매번 그에 따른 적절한 형태를 지니기 때문이다. 그와 더불어 개별적 인간들의 삶을 놓고 보면 삶 속에는 스스로를 초월하려는 경향이 내재되어 있으며 이러한 경향은 삶이 '더 나은 삶'과 나아가 '삶 이상의 삶'으로 발전하도록 유도한다. 짐멜의 삶의 개념은 곧 한편으로 '더 나은 삶', 그리고 다른 한편으로는 '삶 이상의 삶'이라는 특수한 두 가지 의미를 내포하고 있다. 짐멜은 인간의 일상적 상황들에 눈을 돌려 구성적이고 해체적이며 경계를 짓는 그리고 경계를 초월하는 삶의 원칙을 꿰뚫어 보고 이것들을 발견해 내었다.[151] 삶은 한편으로 스스로를 초월하여 성장하는 속성을 지니고 있는데 여기에 '더 나은 삶'의 의미가 내포되어 있다.[152] 다른 한편으로는 삶은 스스로를 벗어나 이념에 눈을 돌리게 되는데 이로써 삶 이상의 삶이 형성된다.

영혼과 삶에 관한 이상과 같은 근본적 사상을 세움으로써 결국 짐멜은 그의 문화론에 이르는 길을 발견하게 된다.

4. 삶과 형식

학문적 경향으로 보면 짐멜은 그의 세 번째 사상의 단계인 생의 마지막 즈음에 집중적으로 생철학적인 경향을 보인다. 그에 의하면 인간이 세계에서 차지하는 위치는 곧 인간이 그의 특성과 행동의 한계 내

---

150) W. Jung. 1990a. p.156.
151) G. Simmel. 1918b. Lebensanschauung, München und Leipzig, pp.1-27.
152) Ibid., p.23.

에 존재하는 것에 의해 결정된다.[153] 인간이 어떠한 방식으로든 두 경계의 한도 내에 존재하는 것을 짐멜은 우리 현 존재의(또는 삶의) 형식적 구조로 표시한다. 이러한 형식적 구조는 다양한 종류의 운명들과 인간들의 행위들 그리고 그들이 사는 지역들(지방, 변경)에 기인하는 여러 내용들에 의해 채워진다. 예를 들어 인간은 좌측과 우측, 잉여나 결핍, 더 강인함이나 더 유연함, 더 나은 것 혹은 더 나쁜 것을 지향하거나 때로는 그 중간적 위치를 택하려 한다. 그리고 위쪽과 아래쪽으로라는 경계를 통해 인간은 무한한 세계의 공간 안에서 자신에게 알맞은 위치를 찾을 수 있다. 인간이 항상 그리고 도처에 경계들을 가짐으로써 즉 삶이 아직은 경계들에 의해 형식화되지 않은 상태에 있음으로 인해 인간은 마침내는 스스로 경계를 지니고 그의 안에서 삶의 형식을 지니게 된다.[154] 짐멜에 따르면 삶은 올바른 삶이 되기 위해 경계를 필요로 하며 경계에 의해서 결국 형식이 탄생된다고 주장한다. 형식은 감정, 경험, 행위, 사고 등과 같은 삶의 내용들에 의해 항상 변화한다. 그로 인해 삶의 형식을 짐멜은 항상 움직이는(beweglich) 것[155]으로서 묘사하였다.[156]

---

153) *Ibid.*, p.1.

154) *Ibid.*

155) 사회적 삶을 짐멜은 이렇게 유동적인 것으로 이해했는데 이것은 비단 짐멜뿐만 아니라 근대사회를 분석한 대부분의 사회학자들도 사회를 정적인 것이 아니라 항상 역동하는 것으로 파악하였다. 예를 들어 퇴니스는 근대사회를 '공동사회(Gemeinschaft)'에서 '이익사회(Gesellschaft)'로 발전해 나가는 것으로 보았고 베버는 '공동체적 결속(Verge meinschaftung)'에서 '사회적 결합(Vergesellschaftung)'으로 발전해 나아가는 과정으로 보았다. 이는 모두 사회를 정지된 것이 아닌 항상 움직이는 것으로 표현하는 과정에서 선택된 개념상의 차이일 뿐 사회가 역동적 속성을 가지고 있다는 생각은 같다고 볼 수 있다. 짐멜의 경우는 이러한 사회의 이론에 개인과 그들의 심리현상을 중시한 미시사회학적 입장을 취했고 퇴니스나

이처럼 짐멜 생철학의 핵심은 삶과 형식이라는 두 개념 속에 들어 있다. 이 두 개념은 문화 내에서 다양하게 강조될 수 있다. 즉 한 번은 형식이라는 원칙이 우세하게 되고 그다음엔 삶의 원칙이 문화를 지배하게 된다. 이런 과정을 거치면서 이들은 항상 균형된 상태를 이루고 있는 것이 아니라 아주 드물게만 균형된 상태를 이룬다.157) 그 때문에 인간은 삶과 형식 사이의 긴장상태 속에 끝없이 서 있게 되는 것이다. 짐멜은 이러한 삶과 형식이라는 서로 상반된 한 쌍의 개념단위를 예를 들어 철학, 예술, 종교, 도덕 등 수많은 부문들에 적용하여 연구하였다.

이로 미루어볼 때 삶은 '무한한 지속성'을 지닌 동시에 '한계를 지닌 자아'라는 속성을 지닌 즉 이중적으로 구성되어 있는 것처럼 보인다. 이것은 삶이 '중단 없는 흐름'인 동시에 그의 담지자와 내용들 안에 폐쇄된 것 중심부를 둘러싸고 형식화된 그리고 개인화된 것이라는 의미를 내포하고 있다. 여기에 삶이 지니는 형이상학적인 마지막 문제성이 놓여 있다: 즉 삶은 무한한 지속성이며 동시에 한계 지워진 자아라는 것이다. 그리고 삶의 활동은 총체적 존재로서의 자아에게서뿐만 아니라 모든 체험된 내용들과 객체성들에게도 마치 한 곳에 꼭 들러붙어 있듯 어떠한 방식으로 멈추어 버리게 된다: 항상 특정한 무엇이 체험되는 곳에서 삶은 막다른 골목에서처럼 얼마만큼 사로잡히거나 또는 삶은 그의 흐름을 그러한 무엇 안으로 그리고 무엇으로 결정화하여 채운다. 그리고 그의 형식을 스스로 만든다. 즉 스스로 경계를 정한다.158)

베버는 그보다 집단적 측면을 중시한 거시사회학적인 입장에서 사회를 파악한 것이다.

156) *Ibid.*
157) A. M. Bevers. 1985. p.157.
158) G. Simmel. 1918. p.12 이하.

짐멜은 삶을 영혼과 이념을 완성하는 길 위에 놓여 있는 축의 중심으로 간주한다. 이에 대해 그의 일기에는 다음과 같이 적혀 있다: 나라는 것은 중심에 서 있듯 삶의 개념 안에 자리하고 있다. 여기서부터 길은 한편으로는 영혼과 자아에게로 다른 한편으로는 이념이나 우주로 그리고 절대적인 것으로 연결되어 있다. 삶과 함께 우리는 자아와 이념 사이, 주체와 객체, 인간과 우주의 중간적 위치에 서 있는 것이다.159) 그래서 짐멜에게 있어서 삶이란 것은 회귀(回歸)하고 스스로에 반(反)하며 초월하는 것으로 이해될 수 있다. 이는 스스로에게 되돌아오는 움직임과 폐쇄된 본질적 무한성을 나타내는 하나의 둥그런 원에 비유될 수 있다.160)

짐멜은 프랑스의 철학자 베르그송의 생철학으로부터 많은 영향을 받았다.161) 베르그송의 생철학은 무엇보다도 자연과학들 내에 무의식적으로 각인된 인식론의 한계들을 보여주려는 일종의 시도 즉 다윈의 진화적 모델에 반대하여 종들과 영장류의 발전에 대해 더욱 조작적으로 각인된 해석을 제시하려 했던 시도로서 설명될 수 있다. 오성(Verstand)은 — 즉 베르그송에 의하면 — 본질적으로는 해체될 수 없는 것인 삶을 분해한다고 한다. 그 때문에 삶을 인식하기 위한 유일하고 적합한 형식은 그 스스로가 삶의 흐름의 한 부분을 이루는 직관(Intuition)이라 한다. 삶은 자세히 살펴보면 시간의 모든 형식들을 서

---

159) G. Simmel. 1923a. Aus dem nachgelassenen Tagebuche, in: ders., Fragmente und Aufsätze, hrsg. von G. Kantorowicz, München, p.6 이하.

160) Kantorowicz, G. 1923. Vorwort des Herausgebers, in: Georg Simmel, Fragmente und Aufsätze, München.

161) 예를 들자면 그는 칸토로비치(Gertrud Kantorowicz)와 수스만(Margarete Susman)에게 그 당시 중요한 지적 관심사로 여겨졌던 베르그송의 주저인 '창조적 진화(évolution créatrice)'를 독일어로 번역하게끔 하였다.

로 연결하고 주체들의 세계와 객체들의 세계 간에 항상적인 연관을 맺는 지속적인 과정 안에서 진행된다. 이 같은 삶의 과정을 베르그송은 'dure relle'[162]로써 묘사한다. 이런 흐름 속에서 새로운 '삶의 비약(élan vital)'을 통해 '창조적 진화(évolution créatrice)'가 실행된다고 한다.[163] 여기에 베르그송 생철학의 정수가 들어 있다.

짐멜은 칸트의 인식론에서 출발하여 생철학을 수용함으로써 그의 문화이론의 근본을 삼은 반면 베르그송은 삶의 과정들을 창조적 발전으로 해석함으로써 그의 생철학 이론의 결론을 맺는다. 즉 베르그송에게는 목표이자 종점이었던 것이 짐멜에게서는 연구의 대상이 아닌 문화의 발전에 대한 그의 견해를 이루는 뒤 배경이 되었다. 그래서 그에게는 삶과 질료라는 한 쌍의 상반적인 개념이 아닌 삶-형식-삶이라는 도식에 따라 창조적으로 발전해 나가는 삶의 과정이 그의 사상적 중심을 이루었다.

짐멜의 생철학은 생명적-생물학적인 의미에서의 삶 자체가 아닌 삶의 형식들로서의 문화와 연관되어 있다.[164] 그는 다음과 같이 삶과

---

162) 짐멜은 그의 에세이 앙리 베르그송(Henri Bergson)에서 베르그송의 '지속'에 관해 기술한다. 이것은 우리가 익숙한 사고의 도식에서 벗어나 사물들이 실재화되는 삶의 흐름 속으로 우리 스스로가 들어가 봄을 통해서 형성되는 공동의 체험 안에 들어 있는 지식이다. 왜냐하면 매 순간은 이미 그가 더 나중의 순간이라는 것에 의해 이전과는 다른 순간이다. 이같이 지속적으로 되어가는 과정을 베르그송은 'dure'라 칭한다 (왜냐하면 사물들은 변화가 항상 계속 되어야만 지속이 가능하기 때문이다.) 그 이유는 실제로 변화되지 않고 버티는 경우에는 이러한 상황의 시작과 끝이 구분될 수 없고 즉 붕괴될 수밖에 없으며 사물은 지속되지 못한다고 한다. G. Simmel, Henri Bergson(1990b), in: Vom Wesen der Moderne, hrsg. von Werner Jung, Hamburg, p.139.

163) F. Dörr. 1993. p.44 이하.

164) A. M. Bevers. 1985. p.155 이하.

형식의 도식을 표현하고 있다: 만일 우리가 생명체의 끊임없는 내적 활동을 통해 외적으로 창조해낸 것을 그의 형식이라 칭한다면 이는 불가피한 것으로 보인다. 그러나 이를 통해 우리는 다른 질서에 속해 있는 하나의 개념에 접근하게 된다. 왜냐하면 형식은 삶의 과정이 내부로부터 표면으로 떠오르고 또는 그의 표면으로서 앞으로 나아가는 현상이 그러한 과정 자체에 의해 분리되는 것을 의미하기 때문이다. 형식은 자신 스스로는 변화될 수 없다. 왜냐하면 스스로 변화된다는 것은 그의 현상들이 변동하는 과정 속에 스스로를 지속시키려는 주체가 존재하고 있다는 것을 의미하기 때문이다. 그렇기 때문에 단지 생명체만이 변화될 수 있을 뿐이다.[165]

시간에 대해 그리고 힘에 대해 그들은 다양한 관계를 이루고 있기 때문에 형식과 삶은 절대적으로 분리되어 있다. 형식은 단지 직관의 내용들이 서로 대립하거나 연관을 지닐 때에만 형성되기 때문에 시간을 초월한다. 그리고 형식은 형식자체만으로는 영향을 미칠 수 없기 때문에 무력하다. 오로지 기저에서 유동하는 삶의 내면에서 그리고 그의 인과과정 내에서만 이 단계 또한 계속적으로 실행된다.[166]

이제 '형식-내용'이라는 이원주의적인 인식론적 방법은 '삶-형식-내용'의 삼체로 확장된다.[167] 그리고 생철학은 짐멜의 사상 내에서 삶-형식-내용의 세 개념을 넘어 계속하여 문화발전으로 이어진다. 이렇게 확장된 생철학의 테두리로부터 짐멜은 문화의 개념을 발전시킨다. 이러한 문화의 변동 자체는 또한 문화의 비극인 듯 보이며 문화

165) G. Simmel. 1917a. Rembrandt, Leipzig, p.68.

166) Ibid., p.69.

167) Dahme, Heinz-Jürgen. 1981. Soziologie als exakte Wissenschaft. Georg Simmels Ansatz und seine Bedeutung in der gegenwärtigen Soziologie, Stuttgart, p.254, 마찬가지로 W. Jung(1990a)를 비교할 것.

의 위기와 문화의 갈등은 문화라는 존재 자체에서부터 또는 삶과 형식의 모순으로부터 형성되는 것이다.

5. 더 나은 삶과 삶 이상의 삶

짐멜에 따르면 구체적인 진행과정으로서의 삶은 오로지 형식 내에서만 실현될 수 있다. 개인은 구체적인 삶의 주체이며 동시에 스스로가 창조성(Kreativität)을 지닌 주체이기도 하다. 개별적인 경험을 통하여 삶의 내용은 그의 형식을 얻게 된다. 이러한 방식으로 이제 외적 현실의 객체가 생산된다. 이와 같은 객체화(Objektivierung)의 과정[168]은 서로 다른 두 가지의 관점들을 지니고 있는데 즉 그 하나는 피상성으로서의 객체의 자각이고 다른 하나는 물질문화(법, 지식체계, 예술, 종교 등의)와 정신문화라는 객체의 생산이다.[169] 여기에서 짐멜은 '삶 이상의 삶'으로서의 삶에 대해 언급한다. 삶의 형식은 다양한 내용들에 의해 끊임없이 변화하기 때문이다. 이는 즉 삶의 내용들에 의해 새로운 형식이 생산될 수 있다는 것을 뜻한다. 그런 후 삶은 스스로를 구현하며(예를 들어 예술 같은) 객체를 창조함을 통하여 스스로를 표현한다.

삶이 '더 나은 삶'과 '삶 이상의 삶'으로서 의미하는 것은 삶이 지속성, 움직임과 추진력에 의해 끊임없이 스스로 발전할 수 있다는 것이

---

168) 짐멜은 이러한 과정을 주체의 객체화, 객체의 주체화라 부른다. G. Simmel, 1983a, Der Begriff und die Tragödie der Kultur, in: ders., Philosophische Kultur, Berlin, p.187.

169) Sils, D.-L.(ed.),1968b, Georg Simmel, in: International Encyclopedia of the Social Science; Volume 14, p.253.

다. 이런 점에서 짐멜이 제시한 삶의 개념은 베르그송의 '삶의 비약'이 란 개념과 유사성을 띤다. 개인성, 사회적 관계 그리고 문화 등과 같 은 형식들 내에서(제한되지 않은 지속성인) 삶은 그의 형식을 찾아낸 다. 그러나 이 형식은 한계 지워진 형식이다. 부단한 삶의 흐름은 스 스로 형식들을 창조하며 이 형식들은 다시금 새로운 형식의 실현에 의하여 부수어진다.[170] 더 나은 삶으로서의 삶이란 개념규정 역시 일 반적인 삶의 개념처럼 형식적인 특성을 지니고 있다. 그것은 곧 의심 의 여지없이 운동의 한 방식을 나타내는 것이다. 그리고 이는 삶은 항 상 축적적인 과정으로 이해되어야 함을 암시한다. 이로부터 삶이 존재 하는 한 더 나은 삶으로서의 삶은 계속적으로 살아 움직이는 것을 생 산한다는 추론을 이끌어 낼 수 있다.

삶이 있는 곳에는 형식이 필요하며 또 삶이 있는 곳에는 형식 이상 의 어떤 것(Mehr als die Form)도 필요하다. 이러한 모순과 함께 삶 은 오로지 형식들 내에서만 자리할 수 있으며 또 모든 형성된 형식은 다른 것에 수교되고 와해되어 결국 형식들 내에는 삶이 자리할 수 없 다는 상호 대립적 특성과 결부되어 있는 곳에 다다르게 된다.[171] 삶 은 그 자신의 절대적인 척도이며 삶이 더 나은 삶이 될 때에만 존재 할 수 있다. 삶이 어떤 식으로 존재하는 한 삶에 의해 생명을 지닌 어 떤 것이 생성되는데 왜냐하면 생리학적인 자기보존은 이미 새로운 것 의 지속적인 생산이기 때문이다. 이는 삶이 다른 것들과 함께 이미 실 행했던 하나의 기능이 아니며 그 자신 안에서 삶이 이를 행할 때 그 것이 바로 삶인 것이다.[172]

---

170) A. M. Bevers. 1985. p.158.
171) G. Simmel. 1918. p.22 이하.
172) *Ibid.*, p.20 이하.

짐멜은 삶의 개념규정을 통해 문화의 세계가 즉 '삶 이상의 삶'으로서의 삶의 세계가 더 자세히 말하면 주체에 의해 삶과 대립된 어떤 것으로써 경험되는 객체적 현실이라는 것이 진정으로 삶이라는 것이 지속적인 삶의 흐름으로서 다시금 새로운 삶을 통하여 문화의 형식들을 부수어 버리며 그로 인해 문화는 그들의 형식을 외부로부터 부과받지 않는다는 것을 보여주려 하였다.

6. 주관적 문화와 객관적 문화

근본적으로 짐멜은 그의 문화이론[173]을 위한 중요한 즉 인식되는 객체와 인식하는 주체의 분리라는 방법론을 세우기 위한 초석으로서 인식론을 받아들였다. 칸트는 이미 사회적 현실을 주체로부터 독립시켜 객체적으로 인식하기란 불가능하다고 확신하였다. 왜냐하면 인식의 과정에는 항상 주체적인 인식능력이 함께 첨가되기 때문이다. 이 때문에 원칙적으로 짐멜 또한 이러한 칸트식의 이해에 찬동하였지만 단지 한 사회 내에서 문화를 형성하는 과정들에 대한 상대적 인식은 가능하다고 생각하였다.

짐멜은 정신적인 관점들을 지닌 주체적인 세계는 정신적인 구성을 통해 생성된 객체들의 세계와 지속적으로 교류를 한다고 생각한다. 문화는 바로 이 두 세계의 상호작용 속에서 태어난다는 것이다. 인간이 서로 그리고 그들이 서로 문화형식들을 구성하는 그들 행위가 지니고 있는 객체화의 특성에 연관되어 통합될 때 그들은 스스로 그들의 자연적인 상태에서 문화화된 상태로 발전된다고 한다. 즉 한편으로는 개

---

173) F. Dörr. 1993. p.39를 비교할 것.

인들의 사회적 결속이 이행되고 이러한 결속의 과정 중에 문화의 객체적인 형식들이 형성된다는 것이다.[174]

문화에 관한 짐멜의 사고는 「문화의 본질에 관하여(Vom Wesen der Kultur)」라는 제목하에 1908년 오스트리아 평론(Österreichische Rundschau)[175]에 발표되었다. 이 에세이는 "모든 일련의 사건들은 (……)자연으로 간주될 수 있다."[176]라는 첫 줄로 시작된다. 그런 후 짐멜은 자연적 존재로부터 문화적 존재로 발전하는 인간 삶의 과정을 그대로 묘사하였다. 이런 가운데 그는 한 인간이 문화화된다는 것은 진화적인 과정이라는 생각을 가지게 된다.[177] 즉 문화화가 이루어지기 위해서는 문화화가 진행되기 이전에는 문화화되지 않았던 것 즉 자연적인 상태에 있었던 그 무엇인가가 존재하고 있다는 것이 전제되어야 한다.[178] 그런 선험적 조건하에서 인간은 객체적으로 완성된 문화적 산물들과 마주함을 통해 자연적 존재로부터 문화적 존재로 발전된다고 한다.[179]

객체들은 만일 그들에게 주체에 의해 부여된 의미들이 존재하지 않을 경우(특정한 물리적 특성들과 나란히) 그 자체로서는 문화적 의미를 지니지 못한다. 감정가가 예술품들을 그의 내면적 정신상황과 연관을 짓고 그 예술품들 속에 그의 내면적 발전을 장려하기 위한 어떤 가치가 들어 있다고 승인할 때에야 그는 스스로를 문화화할 수 있게

---

174) *Ibid.*, p.50.
175) Österreichische Rundschau 15. 1908, pp.36-42.
176) G. Simmel. 1957b. Vom Wesen der Kultur, in: Brücke und Tür, hrsg. von M. Landmann, Stuttgart, p.86.
177) *Ibid.*, p.87 이하.
178) *Ibid.*, p.87.
179) *Ibid.*, p.90 이하.

된다. 즉 이로써 그의 '내적인 총체성(Innere Totalität)'[180]을 발전시키는 데에 기여할 수 있게 된다. 이 객체들은 그러나 이러한 가치평가에 기인하여 고유한 실재에 자세히 말하면 소위 주체들의 영역을 벗어나서도 또한 그와 유사하게 인정된 효력을 요구할 수 있는 문화적 범위에 소속됨이 가능하다.

이 두 분야들을 짐멜은 분석적으로 나누어 주관적인 그리고 객관적인 문화로 간주한다:[181] 문화가 그렇게 비교할 수 없을 정도로 서로 얽힌 주체와 객체의 교점 속으로 삶의 내용들을 채워 넣는 가운데에 문화의 개념은 두 가지의 의미로 분명하게 나타난다. 첫 번째로 우선 완성, 상승, 성취의 과정에 있는 사물들, 그리고 혹은 개인이나, 전체가 고양된 현존재로 비상하기 위해 통과하는 도정들은 객관적인 문화로서 묘사될 수 있다. 하지만 짐멜은 그렇게 달성된 개인들의 발전의 정도를 주관적인 문화로 이해한다. 그리하여 객관적인 그리고 주관적인 문화는 단지 객관적 문화가 아주 탁월한 의미를 지닐 때에만 동등한 개념으로 존재한다고 파악한다.[182] 즉 객관적인 문화란 그들(객체) 스스로를 고양시키고 영혼을 스스로의 완성으로 이르게 하는 또는 완성에 도달한 사물들을 말하며 이는 더 고양된 존재로 이행해 가는 도중에 위치한 개인이나 전체가 지나가는 하나의 경로들로 간주될 수 있다. 그러나 주관적인 문화는 그렇게 해서 도달하게 된 개인들의 발전 정도로 표현된다.

이 두 가지 문화개념은 서로 동일하지 않으며 주관적 문화의 우세가 궁극적 목적이다. 주관적인 문화의 정도는 바로 영적 삶의 과정이

---

180) *Ibid.*, p.92.

181) F. Dörr. 1993. p.52.

182) G. Simmel. 1957b. p.93.

객체적 상품이나 어떠한 객체의 완성에 간여한 정도를 나타내는 것이다. 주관적인 문화가 없다면 객관적인 문화도 있을 수 없다는 것은 당연하다. 왜냐하면 주체의 발전이나 상태는 그 주체가 이루어낸 객체들을 그가 지향하는 길 속에 내포시킴으로써 문화로 존재할 수 있기 때문이다. 그 반면에 객관적인 문화는 완전하지는 않지만 문화화된 또는 문화화되는 객체들이 창조되는 가운데 주관적 문화에 비해서 상대적으로 높은 정도의 자율성을 확보할 수 있다.

7. 문화의 역설

이상에서 본 것처럼 짐멜이 이상형적으로 주관적 그리고 객관적 문화의 양극성으로 요약한 다양한 문화의 형식들은 문화의 발전과정에서 생성된다. 앞에서 이미 언급하였듯이 객관적 문화로서의 문화는 정신을 완성하게 하는 결과를 낳는 완성, 상승, 성취의 과정 중에 있는 사물들을 의미한다. 그에 반해 주관적 문화란 개인들의 발전정도라고 볼 수 있다. 객관적인 그리고 주관적인 문화는 양쪽 모두 정적(靜的)인 구성체라는 점에서뿐만 아니라 하나의 발전과정에 종속되어 있다는 점에서 서로 연관되어 있다. 주관적 문화를 짐멜은 객관적 문화보다 우세하며 객관적 문화가 궁극적으로 도달해야 할 최종목표로 파악한다.[183] 이를 평가하기 위한 척도는 정신적 삶의 과정이 어떤 객체적인 산물들에 혹은 객체적인 완성도에 얼마만큼 관여하는가 하는 것이다. 주관적 그리고 객관적 문화는 서로 상호작용의 관계에 놓여 있다. 즉 주관적 문화 없이는 객관적 문화도 있을 수 없다: 객관적 문화

---

183) *Ibid.,* p.94.

는 문화화되는 대상들이 창조되는 가운데에 주체들에 의해 단지 불완전하게만 이용되며 주관적 문화에 비해 볼 때 완전하지는 못하지만 상대적으로 우수한 독자성을 획득할 수 있다.[184]

근대에 이르러 사회적 발전은 객관적 문화가 고유한 법칙에 따라 발전하도록 하는 결과를 낳는다. 문화적 과정은 스스로 독립하여 그를 창조한 인간들과의 결속으로부터 분리되고 이제는 거의 낯선 객체로서 인간들에게 대항하는 하나의 고유한 체계로 발전한다. 이로써 인간은 이제 더 이상 사물들을 초월하여 존재할 수 없으며 공업화된 근대 사회에서 인간은 인간보다 사물들이 더 상위에 자리하게 되는 모순을 경험하게 된다. 이렇게 사물들의 객관적 문화가 등귀됨에 따라 인간들의 문화 또한 등귀되는 결과를 가져오는 것은 아니다. 개인의 발전은 어떻든 영혼의 완성을 이루기 위해 삶의 객체적 형식들을 받아들여야 한다. 자기완성의 과정은 개인의 특성들이 완전하게 됨을 통해서만 달성되는 것이 아니라 그보다 인간은 그의 인성을 형성하기 위해 문화적인 형식들을 필요로 한다. 그러나 이와 같은 과정을 실행할 수 있기 위해서 인간은 사회적 근본 조건을 필요로 한다. 즉 객관적 문화는 일단 개인들로부터 분리되어야 한다. 객체들이 주체들로부터 분리되는 이 같은 과정을 통하여 개인은 사회적 문화에 가까이 접근할 수 있는 가능성을 얻게 된다.[185]

짐멜은 근대의 사회적 과정들을 문화 유형적으로 분석하면서 '객체적 정신'을 내세운 헤겔(Georg Wilhelm Friedrich Hegel, 1770~1831)의 이론과 상품을 생산하는 자본주의적 사회에 대한 마르크스(Karl Marx, 1818~1883)의 비판적 사상을 서로 접목시켰다. 그는 이러한

---

184) *Ibid.*
185) M. Kauffmann, 1990. p.150을 비교해 볼 것.

관념주의적이고 유물론적인 문화의 두 가지 분석을 서로 연관짓는 가운데 근대 사회의 근본적인 긴장상태를 변증법적으로 이해할 수 있는 기능성을 발견한다. 사회적 발전과정들을 통해 객체적인 것들은 주체적인 것들로부터 분리된다. 인간의 행위들은 자신에 의해 기도되지 않은 과정 속에서 서로 얽히며 이러한 진행과정은 그 속에서 행위하는 인간들에게 단지 아주 제약적으로만 영향을 끼칠 수 있다. 이 같은 문화의 주물성(Fetischcharakter)[186]을 짐멜은 인간행동을 규정하는 한 부분 체계 이상의 어떤 것으로 본다. 오히려 이는 문화의 발전과정을 규정하는 심오한 '특성소(Charakteristikum)'라는 것이다. 즉 문화의 내용들은 자세히 살펴보면 주체들에 의해 창조되고 주체들을 위해 규정되었지만 그들이 이러한 주체들과의 연관 속에서 그리고 이러한 주체들과의 연관을 뛰어넘어 받아들이는 객체성의 중간형식 안에서 내재된 발전논리를 따르게 되고 그로 인해 그들의 근원이나 목적으로부터 점차 멀어진다는─그리고 더 나아가 '상승하는 문화(Steigende Kultur)'일수록 점점 더─역설들을 지니고 있다.[187] 짐멜은 이러한 사실을 '문화의 역설(Paradox der Kultur)'로 명명하는데 이는 동시에 '문화의 비극(Tragödie der Kultur)'으로 묘사되기도 한다.

8. 실존의 이원론적 형식

짐멜은 그의 형식사회학에서 칸트의 이론을 빌려 개인적이면서 동시에 또한 사회적─집단적인 인간의 이원적 존재형식에 대해 언급한

---

186) 짐멜은 여기에서 마르크스를 인용하였다. In: G. Simmel(1983a), p.201.
187) G. Simmel. 1983a. p.201.

다. 짐멜이 물론 이원론의 방법을 그의 문화사회학에만 적용한 것은 아니다. 이원론적인 방법론은 원래부터 그에게 있어 가장 중요한 학문적 방법론이었다. 근원적으로 이원론은 철학적 도구로서 인식론에서 주로 사용되었다. 짐멜은 이러한 이원론적인 방법론을 철학적 인식론으로부터 떼어내어 문화철학으로 옮겨온다.

인간이 문화적인 존재로 고양되는 것은 그가 자연과 대립해 서 있을 때에만 가능하다.[188] 이와 같은 전제를 기초로 하여 인간의 문화화는 전개된다. 문화화된 인간은 책들, 기구들, 혹은 예술품들 같은 정신적으로 형상화된 구성체들을 창조한다. 이 같은 모든 객체적 구성체들은 그들이 어떠한 한 축을 중심으로 회전[189]하듯이 스스로 초월적으로 그리고 반동적으로 영향을 끼치는 삶 자체에 그들의 근원을 두고 있다. 오로지 객관적 문화[190]를 거치는 우회적 방법을 통해서 즉 객관적 문화를 창조하고 다시 그들을 자신의 내부로 수용하면서 삶은 그의 고유한 주관적 문화를 발견하게 된다.[191]

---

188) *Ibid.*, p.87.

189) 우리가 지닌 종교적, 윤리적, 미학적 그리고 학문적인 경험들은 단편적이고 역사적이다. 우리는 우리의 인식이 파편적인 조각들로 이루어져 있고 우리의 행위는 윤리적으로 불완전하다는 것을 즉 우리의 행위가 참된 것과 선한 것의 이념에 상응하지 못한다는 것을 알고 있다. 만일 세계의 형식들이 삶 자체에 의해 생산된다고 할지라도 세계의 형식들은 그들의 자주화 과정에서 삶에 대해 달라진 위치를 차지한다. 이러한 변화를 짐멜은 삶의 변화라 일컬었다. 삶의 변화는 즉 삶의 전환을 의미한다. 이를 이념적 측면에서 생각한다면 곧 이념의 전환이라 할 수도 있다. 짐멜은 이 개념을 가지고 삶이 그 스스로가 창조해 낸 것에 스스로를 다시 정렬시키는 방향전환을 암시하고자 하였다.(Bevers, 1985: 165), (Simmel, 1918b, p.28, 특히 38쪽 이하)

190) 이에 대한 비평적 입장은 R. H. Weingartner, 1959. Form and Content in Simmel's Philosophy of life, in: Georg Simmel 1858~1918, Kurt H. Wolff(ed.), 1959. p.33 이하를 참고할 것.

　인간은 문화의 대상일 뿐만 아니라 또한 문화화의 대상이다. 즉 다시 말해 주관적 문화로서의 주체적 정신은 종교, 예술 학문, 기술 등의 객관적인 문화를 통해서만 실현된다.[192] 이 같은 이원론적 존재형식은 짐멜의 문화개념에 내포된 불가피한 법칙성이다: 그의 고유한 한계들에 의존하고 있는 주체가 그를 위해 존재하는 객체에 대항하는 이러한 이원론은 만일 양쪽 당사자들이 모두 정신이라면 비교할 수 없는 형식화를 체험하게 된다. 주체적 정신은 즉 그의 문화를 실행하는 객체에 대한 관계를 체험하기 위하여 그의 정신성(Geistigkeit)이 아닌 주체성을 벗어나야 한다. 이것은 이중적 존재의 형식이 내면적으로 조화된 연관성으로 조직될 수 있는 유일한 방식이다. 여기에서 주체는 객체화가 되고 객체적인 것은 주체적으로 되는 것이 행하여진다.[193]

9. 문화의 비극

　짐멜은 문화에 관한 두 논문들에서 문화의 비극에 대하여 서술한다. 문화의 위기(Die Krisis der Kultur)[194]는 1916년 2월 13일 프랑크푸르트 신문에 발표되었고 그 후 문화의 개념과 비극(Der Begriff und die Tragödie der Kultur)[195]은 「로고스(Logos)」라는 잡지에 발표되

---

191) Landmann, Michael. 1987. Einleitung des Herausgebers, in: Georg Simmel, Das individuelle Gesetz, Frankfurt a. M., p.11.

192) G. Simmel. 1983a. p.186.

193) Ibid., p.187.

194) 원래 이 논문은 1916년 프랑크푸르트 신문에 실린 것이나 1917년에 「전쟁과 정신적 결정들(Der Krieg und die geistigen Entscheidungen), p.45-64」이라는 책에 편입되어 출판되었는데 여기에서는 이 판을 사용하였다.

었다. 이 두 편의 논문들에는 문화의 비극은 삶-형식-내용의 변동 과정 속에서 형성된다는 그의 주장이 들어 있다.[196] 항상적이고 창조 적인 삶의 과정은 그의 고유한 형식을 내면에 지속적이고 고요한 정 적상태로 지니고 있을 수 없다. 형식은 다른 삶의 내용들을 통하여 다 른 형식을 즉 새로운 삶의 결정체를 형성하기 위해서 변화해야 하며 스스로를 파괴해야 한다. 왜냐하면 인간의 사고는 항상 동일한 방향을 지향하지 않기 때문이다. 인간은 문화의 대상을 만들며 이를 통해 그 의 가능성을 계속 발전시킨다.

이 같은 방법으로 인간은 그가 창조해 낸 모든 산물들(객체적 정 신)을 사용할 뿐 아니라 또한 객체적 정신을 내면화하여 이를 그의 삶의 흐름 속으로 통합시킨다. 그러나 주체와 객체의 재통합은 항상 불완전한 채로 머문다.[197] 이 같은 삶의 근본적인 이율 배반성은 문 화의 숙명으로서 간주되고 문화의 비극을 낳게 된다. 왜냐하면 인간과 그의 숙명적인 삶은 이 같은 변동의 과정에서 통합되기 때문이다.

짐멜은(주관적인 그리고 객관적인) 문화를 인성의 형성과 한 맥락 으로 보고 문화의 위기에서 다음과 같이 정의한다: 나는 종교적 심화,

---

195) 원래 이 논문은 1911/12 합본 로고스(Logos) 2(p.1-25)에 발표되었다 가, 그해 1911년 「문화철학(Philosophische Kultur)」, p.245-277에 편입 되어 출판되었는데 여기에서는 1983년에 다시 나온 새판을 참고하였다.

196) A. M. Bevers(1985), p.167 이하를 비교할 것.

197) 이 같은 문화의 과정(재통합의 과정)에 대해 짐멜은 다음과 같이 언급 한다: 동일한 근본 토대 위에서 문화의 두 번째 자기모순이 이루어진 다. 창조적 삶이 제압되고 그런 후 이들을 문화화된 것으로 만들기 위 해 정신들에 의해 다시 수용되는 가운데 객체적 구성체들은 독자적이 며 매번 그들의 사실적 조건들에 의해 결정되는 발전을 획득하게 된다. In: G. Simmel. 1917c. Die Krisis der Kultur, in: ders., Der Krieg und die geistigen Entscheidungen. Reden und Aufsätze. München und Leipzig, p.46.

윤리적 순결성, 원초적 창조 시에 행해지는 것과 같은 직접적으로 스스로에 의해 성취되는 것이 아니라 정신적 역사적으로 결합된 구성체를 거치는 우회를 통해서 이루어지는 정신의 완성으로서 문화를 이해한다. 주체적 정신은 학문과 삶의 형식들, 예술과 국가, 직업과 세계에 대한 지식을 통하여 이제는 더 고양되고 더 완성된 것으로서 스스로에게 다시 돌아오는 문화의 길을 밟게 된다.[198]

　앞에서도 살펴본 바와 같이 짐멜은 문화를 스스로에게 이르는 영혼의 길로 이해한다. 그에 따르면 인간은 스스로 그의 주변환경에 대해 주체적인 위치를 점하는 유일한 존재이다. 여기에서 객체와 주체의 차이가 성립된다. 이러한 구분은 인간이 스스로 객체로서 자신과 대립하고 주체로서 문화적 산물들이 이루는 객체적 세계를 창조하는 의식의 내면에서 다시 한 번 반복된다.[199] 이 같은 주체적 세계와 객체적인 세계의 교류과정은 인간의 인성이 형성되는 과정에서는 불가피한 일이다. 이러한 주체적 정신과 객관적 문화로서의 문화화된 대상 사이에서 이루어지는 불가분의 관계 내에 문화의 비극은 그 뿌리를 두고 있다. 문화적 발전과정이 지닌 비극은 인간이 문화적으로 형식화되는 것에 스스로를 내맡겨야 함을 통해서 삶에 객체화된 실물들을 제공하는데 이 실물들의 객체성들은 인간이 그것을 새로이 만들어내는 대신 그에 복종해야만 하는 고유한 법칙을 지닌 현존재를 획득하기 때문에 궁극적으로는 형성되는 것이 아니라 파괴되어야 한다. 즉 주관적 문화의 발전에는 객관적 문화가 필연적으로 필요하며 이것은 거의 복종적이라 표현될 수 있을 만큼 법칙성을 지니고 있다. 바로 여기에 문화적 발전과정의 비극이 놓여 있다.[200] 왜냐하면 이는 한편으로 주체들은

---

198) G. Simmel. 1917c. p.45.
199) A. M. Bevers. 1985. p.168.

객체계의 완성이란 길을 통해서만 스스로도 완성될 수 있는 것을 의미하기 때문이다. 그리고 이는 또한 개별적 주체들의 능력은 불가피하게 단편적이고 제한되어 있는 반면 객체계의 수용능력은 무한정으로 정련되고 촉진되고 확장될 수 있다는 것을 의미하기 때문이다.[201] 짐멜의 말처럼 여기에 문화가 그의 본질로부터 분리됨이 불가능한 비극성이 놓여 있는 것이다.

제한된 능력을 지닌 주체들의 수양은 무한정으로 확장이 가능한 객체의 세계에서 완성된다. 이러한 상이(Divergenz) 속에 문화의 비극이 들어 있다. 문화의 개념과 비극이란 논문에서 짐멜은 객관적 문화의 자주성에 대하여 서술한다.[202] 그는 이원론으로부터 즉 자연적 소여성과 인간세계의 관계로부터 그리고 자아와 역사적 사건의 관계들로부터 주체와 객체의 무한한 진행과정이 발전됨을 제시한다.[203] 이러한 과정에서 객체적 정신적 구성체들은—즉 예술과 윤리, 학문과 목적을 형식화한 대상들, 종교와 법, 기술과 사회적 규범들—특수한 고유가치를 획득하기 위해서 주체가 통과해야만 하는 단계이다.[204] 주체적 삶은 스스로에 의해 내적인 완성을 하도록 강요를 받는다. 그러나 주체적 삶은 스스로 내부에서 완성을 이룰 수 있는 것이 아니라 결정화된 구성체를 통해서만 완성을 이룰 수 있다. 짐멜은 이를 '문화의 역설'이라 불렀다.[205] 이로 미루어보면 정말로 개인의 정신과 객체

---

200) Weber, Alfred. 1912. Der soziologische Kulturbegriff, in: Verhandlungen des Zweiten Deutschen Soziologentages vom 20–22. Okt. 1912 in Berlin, p.17 이하.

201) G. Simmel. 1917b. p.48.

202) 마찬가지로 A. M. Bevers. 1985. p.168 이하를 비교할 것.

203) G. Simmel. 1983a. p.185.

204) *Ibid.,* p.186.

적인 구성체 간에 이루어진 긴장관계 내에 문화의 비극의 근원이 놓여 있음은 확실한 것이다.

객체들은 문화의 형식화라는 발전과정에서 스스로의 고유한 발전논리를 지니게 된다. 이는 개념적이거나 자연적인 것이 아닌 문화적 구성물들로서의 발전인 것이다.[206] 인간들은 이 같은 객체들의 형성화에 대한 논리에 의해 문화의 발전과정을 다시 주관적 문화 안으로 영입해 들이기 위해서 발전들을 주도하고 계속 이끌어나가야만 하는 강요를 받게 된다.[207] 이들의 발전과정에서 기술은 지속적으로 진보되고 개량된다. 이러한 급격한 기술의 진보는 그러나 주관적인 문화를 완성하는 것이 아니라 단지 객관적 문화 스스로만을 완전하게 할 뿐이다. 객관적 문화의 발전은 이로써 더 이상 주관적 문화의 발전과 병행되어 진행되지 않는다. 객관적 문화는 스스로의 방향을 홀로 정해 그것을 잡고 나간다. 이처럼 분리되어 제각기 발전되어 나가는 것 즉 객관적 문화의 자율성을[208] 짐멜은 문화의 비극이라 부른다: 하나의 본질에 대해 서로 상반적으로 지향된 파괴적인 힘들이 바로 이 본질 자체의 가장 깊은 곳으로부터 발원하고 있다는 것, 이것이 근본적인 문화의 비극이다. 정신이 스스로에게서부터 스스로에게로 이르는 주체의 발전을 이루는 자신의 길을 감을 통해서 독자적으로 객체적인 것을 창조하는 것이 곧 전체문화의 개념이다. 그러나 바로 그 때문에 어떤 통합적인 문화를 규정하는 요소는 아직도 항상 주체들의 힘을 사용하지만 주체들은 그와 동시에 그 자체가 지닌 높이로 상승됨이 없이 단순히 그의

---

205) *Ibid.*
206) A. M. Bevers. 1985. p.169.
207) *Ibid.*
208) *Ibid.*

궤도로 끌어들여지는 고유한 발전과정을 이루도록 미리 결정지어진다. 주체들의 발전은 이제 더 이상 객체들의 발전이 진행된 행로를 답습할 수 없다. 그럼에도 불구하고 객체들의 발전과정을 모방하여 주체들의 발전은 결국 막다른 골목으로 진행되거나 혹은 가장 내면적이고 고유한 삶이 공허 속으로 빠지게 되는 결과를 초래한다.[209]

짐멜에 따르면 문화는 근대적 삶의 양식들 속에 주어진 특정한 발전의 모델을 따른다. 그로써 자연적으로 주어진 영혼의 에너지로부터 이중적인 성격을 띤 문화의 발전과정이 생겨난다. 즉 한편으로는 문화적 대상들의 생산으로서 다른 한편으로는 주체적 정신에 의해 생산된 객관적 문화를 획득하는 것으로써 즉 주관적 문화로서 문화는 이중적으로 발전해 나간다. 이는 근대의 문화 발전과정이 노동분화에 의해 속도가 빨라지고 그 폭이 커지기 때문이며 이로써 주관적 문화와 객관적 문화가 지니고 있던 고유한 특성의 거리는 갈수록 크게 벌어진다. 이로써 그 스스로에게서 야기된 문화의 비극이 나타난다.

10. 부설: 짐멜의 연극학적인 구상

여기에서 짐멜의 연극학적인 구상에 대해 간단히 살펴보자.

짐멜은 '이념으로의 전환(Die Wendung zur Idee)'을 또한 그의 연극학적 구상에도 적용하였다. '형식-내용', '삶-형식-내용'이라는 그의 변증법적인 방법론은 연극론적인 구상을 이끌어내기 위한 근본전제들 중의 하나로서 아주 여러 번 등장한다.

형식-내용의 상반개념이 연극학적인 이론에서는 질료-형식(Stoff

209) G. Simmel(1983a), p.186.

-Form)의 개념의 쌍으로 변형되며 동시에 연극학적 구상은 예술(예술품)과 직접적으로 연관된다. 현실이란 예술가가 예술적인 형식으로 환원시키는 하나의 소여되고 구체적인 질료이다. 예술품은 즉 실재성에 기인한다. 다른 식으로 표현하자면 구체적인 현실은 예술가에게 소재를 제공하고 그는 그 소재를 가지고 하나의 형식을 완성한다. 이처럼 예술가에 의해 형식화된 사물을 짐멜은 삶의 내용(삶의 실재성)을 고양시키며 객관적 구성체로 형성된 예술품이라 부른다. 그에 대하여 배우(Schauspieler)는 질료를 통하여 그의 성과를 이루려 하지는 않는다. 왜냐하면 이미 예술품이 소재를 형성하기 때문이다. 단지 배우의 업적을 통해서 드라마를 이루는 순수하게 관념적인 것, 순수하게 정신적인 것이 구체적으로 실현된다. 배우의 실행은 그러한 구체적인 실현을 거쳐 다시 현실의 표현으로 나타난다.

이제 위에서 언급한 예술과 배우와의 관계로부터 연극학적인 구상을 추론해 낼 수 있다. 짐멜의 문화에 대한 연극학적 이해에서는 행위하는 주체가 현실 속에서 지향하는 감각이 중요시된다. 여기에서 행위는 '연극적인 행위(Dramatisches Handeln)'이다. 즉 행위는 감각에 다양한 의미들을 중재한다.

짐멜에 따르면 배우는 이러한 감각을 승인한다. 왜냐하면 그는 단순한 인간이 아니라 현존재의 실제적인 현상들을 모두 볼 수 있고 들을 수 있는 것들을 한층 두드러지게 드러내 보이기 때문이다. 이렇듯 자유로워진 현존재의 현상적인 영역에서는 행위자는 감각을 지향한다.

그리하여 문화는 연극 즉 연극적인 행위로 간주된다. 문화는 보통의 경우 유희와 일상의 현존재로서의 행위이지만 실제로는 복합적이고 모순적이며 상반적인 그리고 서로 떨어지려고 노력하는 감각적 세계들의 감각적 만족과 타락을 연극적으로 중개해야만 하는 극적 행위이다.

☐ 맺음말

짐멜은 주체와 객체의 관계로부터 주관적 문화와 객관적인 문화로 순차적으로 옮겨감으로써 문화이론을 발전시켰다. 이른바 '짐멜의 문화'라고 칭할 수 있는 그의 문화이론에 대한 근본적인 이념은 본시 주체와 객체, 삶과 형식, 존재와 생성 같은 두 극점의 가운데에 머무는 어떤 것을 찾아내는 것으로부터 유래한다. 그 어떤 것을 짐멜은 '머무는 것(Das Bleibende)'이라고 표현하였다. 하지만 이것은 단순한 정지의 상태에 갇혀 있는 것이 아닌 무한한 형식으로 전환이 가능한 범주화의 원동력이다. 그렇기 때문에 이것은 항상 변증법적인 긴장관계 속에 놓여 있을 수밖에 없다. 이러한 관계에 의해 영적 삶의 철학적이고 문화적인, 더불어 의미와 가치, 역할과 갈등에 연관된 발전과정이 생겨난다.

삶과 문화 사이의 갈등은 근본적으로 주체가 객체로부터 독립되어 발전한다는 이원론의 내적 논리와 연관되어 있다. 삶이란 항상 형식화를 통해서 다양하게 발전한다. 이런 과정을 짐멜은 '형식에 대한 삶의 투쟁(Simmel, 1983c: p.150)'이라고 묘사했다. 그러나 삶은 어느 순간엔가 그의 창조적 진행과정이나 형식―즉 현실과 형식으로 표현될 수 있는―사이에서 발전논리를 상실한 채 머뭇거리게 된다. 이러한 자기 존재의 필연성에 따른 새로운 형식창조의 지연상태를 짐멜은 곧 문화의 갈등이라 일컫는다. 삶이란 필연적으로 새로운 형식을 만들어 내거나 아니면 이미 형성된 스스로의 형식 속에 머물러야 하는 존재론적 특성을 가지고 지니고 있다. 그러므로 곧 문화의 갈등이란 객체적 정신의 무형식성을 통해 삶이 그 발전논리를 상실하는 것인데 이는 삶에 있어서 문화는 구체적 형식성을 소유하고 있지는 않기 때문이다.

이러한 주관적 문화와 객관적 문화의 불균형은 무엇보다도 인간을 앞질러 가는 현대사회의 기술적 발전이나 도덕과 윤리의 타락 그럴수록 강화되는 법체제에 의해 더욱 심화된다. 소위 탈현대적(Postmodern) 사회에서는 이러한 규범의 강화로부터 인간이 자유로워지고 그를 해체하려 하지만 이러한 물질적 문화가 정신적 문화를 앞질러가는 현상은 짐멜에 있어서의 문화의 비극일 뿐 아니라 또한 문화의 파괴이며 궁극적으로는 존재의 비극이기도 하다. 왜냐하면 주체의 발전 즉 문화화는 객관적 문화와 떼어놓고는 생각할 수 없기 때문이다. 유용성과 기능성에 환도된 현대인의 생활양식 또한 이러한 문화적 비극의 한 예이다. 이러한 측면에서 볼 때 짐멜이 행한 문화분석은 현대사회의 분석에도 매우 적합하게 적용될 수 있다. 짐멜의 문화이론을 통해 우리는 문화의 소비와 창조 사이의 균형이 얼마나 중요하며 그 가운데서 문화의 창조적 측면이 강조되어야 함을 깨달을 수 있다. 문화폭발이라 일컬어지는 오늘날의 문화소비는 결국 세계를 양화(量化)시킴과 더불어 삶의 상대성을 가속화시킴으로써 삶 자체도 양에 의해 측정되게 하는 결과를 불러왔으며 우리로 하여금 문화소외(Kulturentfremdung) 현상을 경험하게 하였다.

문화적 존재로서의 인간은 유한적 존재이며 언제나 문화와 함께 하고 문화는 인간의 영혼을 완성으로 이르게 하는 길이다. 하지만 인간이 문화적 유한 존재인 한 그는 결코 그 문화를 통해 자신의 완성에 이를 수 없다. 왜냐하면 그는 이성적 존재로서 한계를 가지고 있고 이러한 한계적 경계는 그 존재의 조건이기도 하기 때문이다. 즉 이러한 경계 없이는 그 발전과정 속에 있는 어떤 문화적인 존재도 있을 수 없기 때문이다. 이것은 정말 문화의 비극일 뿐만 아니라 모순이기도 하며 그에 앞서 존재의 역설이며 또한 표상의 세계에 머무는 인간적

삶의 비극이기도 하다. 짐멜은 이로써 우리에게 문화를 통해 다다를
수 있는 완전한 정신적 길을 보이려 한 것이 아니라 오히려 우리가
어떻게 우리 삶의 완성을 위해 노력할 수 있느냐 하는 하나의 지평을
보여주고 있는 것이다.

제5장

화폐의 철학

□ 화폐의 철학

오늘날 화폐를 소유한다는 것은 개인의 자유와 밀접한 연관성을 가지게 되었고 개인이 지니고 있는 화폐의 소유 정도는 현대사회에서 삶의 질을 결정하는 중심적인 위치를 차지한다. 그러므로 경제척도인 화폐제도에 대해 사회적인 기능과 가치를 살펴보는 것은 사회학적으로 의미 있는 일이다.

전근대적 봉건사회가 공업중심의 산업사회로 발전하면서 사회구조
와 개인의 삶의 양식은 급속도로 다양하게 변모되었다. 그리고 이러한
추세는 오늘날에 이르러서 더욱 심화되고 있다. 사회적 삶이 경제위주
로 재구성되면서 사회의 각 영역 중 경제 분야가 사회전체 구조 속에
서 차지하는 비중은 다른 분야에 비해 상대적으로 크고 가치체계도
경제적 가치위주로 재편성되고 있다.

이런 맥락에서 오늘날에는 화폐를 소유한다는 것이 개인의 자유와
밀접한 연관성을 가지게 되었고 개인이 지니고 있는 화폐의 소유 정
도는 현대 사회에서 삶의 질을 결정하는 중심적인 위치를 차지할 수
밖에 없게 되었다. 그러므로 경제척도인 화폐제도에 대해 사회적인 기
능과 가치를 살펴보는 것은 사회학적으로도 의미 있는 일이다. 화폐에
대해 사회학적으로 가장 탁월한 연구업적을 남긴 학자는 게오르그 짐
멜(Georg Simmel, 1858~1918)이라는 데에 이견이 없을 것이다.

본 연구는 짐멜의 주저 「화폐의 철학(Philosophie des Geldes)」[210]
을 살펴봄으로써 화폐에 대한 개념적인 분석과 더불어 화폐의 영향을
통해 변화되는 현대 사회의 삶의 양식을 분석하고자 하는 시도이다.
지금껏 화폐의 철학에 대해서는 이미 번역되어 소개가 되었으나 이에
대한 문화사회학적인 조망이 이루어진 바는 거의 없다. 오늘날 우리
사회에서 화폐로 대표되는 경제적 가치가 차지하는 중요성이 갈수록
증대되고 있는데 화폐와 현대사회적 삶의 상관관계에 대한 체계적인
분석이 시도되지 않고 있다는 점은 매우 아쉽다. 그러므로 본 연구를
통해 화폐와 현대사회적 삶의 상관관계에 대해 문화사회학적으로 보

---

210) Simmel(1991): Philosophie des Geldes, Frankfurt am Main. 이 책의
　　초판은 1900년에 라이프치히에서 출판되었다. 본고에서는 1991년에 간
　　행된 책을 참고하였다. 국내에서는 안준섭 외가 「돈의 철학」이라는 번
　　역서를 낸 바 있다.

다 심층적인 연구가 이루어질 수 있는 토대를 제공하고자 한다.

1. 「화폐의 철학」에 대한 문화사회학적 조망

1900년에 쓰인 짐멜의 저서 화폐의 철학은 화폐의 사회적 의미와 기능에 대해 분석된 작품으로 일반적으로 짐멜이 그의 사회이론을 구성하는 과정에서 거쳐 간 전 단계로 평가된다. 그의 탁월한 경제철학적, 사회철학적 사상을 담고 있는 이 방대한 책은 전반부의 분석편과 후반부의 종합편으로 이루어져 있으며 특히 분석편에서 짐멜은 가치라는 개념을 다각적인 측면에서 분석하면서 가치에 대한 이론적 체계를 세우고 있다.

짐멜은 삶을 규정하는 조건들과 관계들을 경제개념들과 연관지어 화폐에 대해 사회철학적으로 분석하려 하였고 또 그럼으로써 역으로 화폐의 영향을 받아 나타나는 우리 삶의 제반 현상을 이해하려 하였다. 곧 짐멜은 화폐를 경제적인 실체가 아닌 철학적 사색의 대상으로 인식한 것이다. 그런 면에서 화폐의 철학은 짐멜의 문화사회학적 연구의 결정체라고 볼 수 있다. 따라서 이 장에서는 화폐의 철학을 문화론적 시각에서 조망해 보고자 한다.

화폐의 철학을 통해서 짐멜은 철학에 관해 많은 것을 논하지만 실은 그의 사회학적인 사상을 피력하고 있다. 그래서 화폐의 철학은 오늘날 '화폐의 사회학'이라고 불릴 수 있게 된 것이다. 이런 의미에서 이 책은 곧 사회학적이고 심리학적인 동시에 삶을 해석하고 통찰한 저술로 인정된다.[211]

---

211) 이에 대해서는 리히트블라우의 글을 볼 것(Lichtblau, 1986, 1993, 1994).

짐멜은 이 책의 서문에서 이 연구의 어느 한 줄도 국민경제학적인 의미를 담고 있는 것은 없다[212]고 말한다. 이것은 곧 이 책이 경제학적인 측면을 넘어서 개인의 내적 삶이나 사회의 발전이 어떻게 화폐를 통해서 이루어지고 있는가를 다루고 있음을 시사하는 표현인 것이다. 다시 말해 화폐는 경제적 관점을 초월하여 해석되어야 함을 의미하는 것이다.

짐멜은 화폐의 철학이 존재해야 한다면 그것은 화폐의 경제학의 양면에 걸쳐 놓여 있을 수 있다[213]고 말한다. 이는 현실과 가치의 논리적 구조와 사회적 관계들 속에 뿌리를 두고 화폐에 화폐로서의 의미와 실제지위를 부여해주는 정신적 상태 속에 자리하고 있는 전제조건들에 대해 단적으로 설명하는 표현이다.[214] 하지만 이것이 화폐의 기원에 관한 문제는 아니다. 왜냐하면 기원에 관한 문제는 역사적인 것이지 철학적인 것은 아니기 때문이다.[215]

짐멜은 이 책의 분석편에서 화폐의 본질과 의미를 지탱해 주는 조건들에 대해 설명하고 있다. 그리고 그는 역사적 현상으로서의 화폐 즉 화폐의 구조와 그에 대한 인간의 사고를 사물과 인간 사이의 상호작용과 관련지어 설명한다. 그 가운데 화폐가 존재하기 위한 전제조건으로 인간 사이의 상호작용이 제시된다.

화폐의 철학 후반부 종합편에서 짐멜은 역사적 현상인 화폐가 인간의 내적인 세계에서 어떠한 위치로 자리하고 있는가에 대해 분석한다. 그리고 분석편에서 '가치(Wert)'와 '교환(Tausch)'의 개념을 설명하면

---

212) Simmel(1991): Philosophie des Geldes, Frankfurt am Main, p.9.
213) *Ibid.*
214) *Ibid.*, p.10.
215) *Ibid.*

서 가치와 교환이라는 개념이 일상생활 속에서는 어떻게 사용되는지를 다루고 있다. 가치와 교환의 상관관계에 대한 이러한 구상은 그의 사회이론과 문화이론이 정립되는 데 중요한 분석틀이 될 뿐 아니라 또한 후에 짐멜의 일생에 걸쳐 지속적으로 발전되고 정련되었다.

이 책의 분석편과 종합편은 내용상으로 상호보완적인 관계를 이루고 있으며 서로 대칭적인 관계 속에 놓여 있다. 분석편에서는 물리적인 세계 속에 현실과 가치들의 논리적인 구조 속에 그리고 사회적인 관계들 속에 기원하며 화폐에 의미와 실질적인 지위를 부여해 주는 전제조건들이 다루어지고 있다. 종합편에서 짐멜은 인간의 내부세계 즉 삶에 대한 인간의 감정이나 운명의 결정 속에서 그리고 보편적인 문화 속에서 화폐가 역사적으로 어떠한 현상을 보이며 발전하는가를 분석한다.

이 같은 책의 구성을 통해 짐멜은 하나의 경제현상인 화폐에 대해서뿐만 아니라 각 영역 하나하나가 전체를 이루는 세계반영의 총합에 대해 설명한다. 그는 이 책에서 한편으로는 학문이 이루어지기 위한 전제 조건들에 대해 그리고 다른 한편으로는 그 결과에 대해 서술하고 있다. 예를 들어 이 책에서는 화폐가 지닌 경제적 측면의 다양성들에 대해 논의가 되는데 이는 표면적으로 화폐에 대한 분석인 듯하지만 실제로는 화폐를 통한 우리의 삶에 대한 분석이다. 그리고 이러한 분석을 통해 더 나아가 우리가 삶에 대한 성찰을 할 수 있도록 유도한다. 그래서 화폐의 철학이 담고 있는 의미를 간단히 표현한다면 '화폐는 삶에 의해 발전되고 삶의 종합적인 부분들은 화폐에 의해 발전한다.'라고 요약될 수 있다. 즉 현대 사회의 문화에 대한 분석과 성찰적 면에서 보면 화폐는 중요한 결정소의 역할을 수행하는 것이다.

2. 화폐와 가치의 관계

1) 가치의 객관성에 대한 논의

짐멜이 화폐의 철학에서 의도하는 바는 화폐의 경제학이 지니는 양면[216] 즉 화폐가 지닌 특성이나 의미, 실제위치 또는 화폐에 대한 이상을 명확히 밝히는 것이다. 경제적 측면이란 화폐가 유통될 수 있는 가능성을 규정하는 조건들을 설명하고 일반적인 삶의 조건들과 관계들로부터 화폐의 본질을[217] 이해하는 것을 의미한다. 이것이 곧 화폐의 철학의 첫 번째 부분인 분석편의 과제이다. 여기에서 화폐에 대한 철학적인 해석은 상대주의(Relativismus)적 세계관에 그 기반을 두고 있다. 이 입장의 중심을 이루는 것이 곧 가치의 문제이다. 짐멜은 우선 가치에 대한 상대주의적 철학의 정립을 시도하고 그 바탕 위에서 화폐에 대한 철학적인 이상을 발전시켜 나가고 있다.

경제적인 교환과정에서 객체는 교환이라는 형태를 통해 주체들의 순수한 주관성 내에 융해되어 있던 상태로부터 분리된다. 다시 말해 이 경우는 교환이라는 형식 속에서 주관성을 지닌 주체는 그 자신의 욕망의 한 부분을 포기함을 의미한다. 그리고 주체와 객체는 이미 투자된 경제적 기능에 기반을 두어 서로를 규정한다.[218] 객체는 수요(Bedarf)에 의해 스스로의 실제적인 가치를 획득할 뿐만 아니라 다른

---

216) Simmel(1991), p.10.
217) Marx, Karl(1982): Ökonomisch-philosophische Manuskripte(Zweite Wiedergabe), in: Karl Marx/Friedrich Engels Gesamtausgabe(Mega), Erste Abteilung. Werke. Artikel. Entwürfe. Band 2: Karl Marx Werke. Artikel. Entwürfe März 1843 bis August 1844, Berlin, p.436.
218) Simmel(1991), p.11.

객체에 대한 '경쟁적인' 수요에 의해서도 스스로의 실제적인 가치를 부여받게 된다. 이는 다시 말해 한 객체는 인식하는 주체와의 관계를 통해 스스로의 객관적인 가치를 인식하게 되는 것이 아니라 주체와 객체의 관계가 '희생(Opfer)'[219]에 대한 대가를 통해 규정될 때에 객체의 실질적인 가치가 정해진다는 것이다.

교환행위 속에서 객체는 스스로가 희생물로 제공되는데 이 객체를 매개로 하여 교환행위에 참가하는 두 주체에게 있어 객체는 곧 가치로 인식된다. 짐멜은 경제구조 속에서 교환의 형식을 통해서 가치라는 철학적인 범주가 설정됨이 가능하다고 생각한다. 인간의 의사소통과 태도의 한 특별한 형식으로서의 경제가 지니는 특성은 '교환되는 가치'에 의해서뿐만 아니라 '가치를 교환'함에 의해서도 형성된다. 그 때문에 짐멜은 이 경우에 '가치'보다는 '교환'에 더 큰 의미를 둔다. 그리고 짐멜은 경제적 가치는 교환이라는 과정을 통해서 객관성(Objektivität)을 획득할 수 있다고 믿는다.[220] 여기에서 보듯이 짐멜의 관심은 '실용가치(Nützlichkeitswert)'가 아니라 '교환가치(Tauschwert)'에 초점이 맞추어져 있다.

---

219) 교환과정에서 객체를 획득하기 위해 이루어지는 '희생'이란 '거리'의 극복을 의미하는 것이다. 짐멜의 화폐의 철학에서는 이 과정에서 상대성이 중요한 동인으로 등장한다. 즉 짐멜은 산업사회에서 가치는 곧 상대성에 의해서 창출된다고 본다. 이 상대성은 희생과 밀접하게 연관되어 있다. 전통사회에서의 희생은 실질적인 객체획득과는 무관하게 자신이 가진 것을 무조건적으로 내어주는 것을 의미하지만 짐멜이 의도하는 근대 이후 산업사회에서의 경제와 관련된 희생이란 곧 자신이 가진 것을 내어주고 그 대신 자신의 욕구가 교환을 통해 다른 것에 의해서 채워지는 것을 의미한다. 이는 상호적 희생이 저변에 깔려 있음을 의미한다. 곧 새로운 것을 얻기 위한 전제조건으로서의 희생이며 객체에 대한 포기(Verzicht)와도 통하는 개념으로 이해될 수 있다.

220) Simmel(1991), p.181.

2) 가치와 화폐의 상관관계

가치와 화폐(Wert und Geld)라는 장에서 짐멜은 현실을 범주로 평가하는 가치의 본질에 대해 분석한다. 그는 현실과 가치를 '절대적인 우연(absolute Zufälligkeit)'[221]으로 맺어진 관계로 보지만 다른 한편으로 이 둘은 서로 '여러모로 비교 가능한(vielfach vergleichbar)'[222] 것으로 본다. 왜냐하면 가치에 대한 평가가 이루어져야 삶의 현실은 의미를 부여받게 되고 사물의 가치는 현실에서 나타나는 다른 현상들의 가치를 반추해 볼 때만 정해질 수 있기 때문이다.[223] 이는 절대적인 가치를 지니는 사물들이란 존재할 수 없음을 의미하는 것이다. 그러므로 이는 곧 현실을 규정하는 하나의 가설로 볼 수 있다. 왜냐하면 현실은 자연법칙들과 상관없이 모든 개별적으로 형식화된 가치들의 영역에 따라 규정되기 때문이다. 그 가운데서 현실과 가치의 상관관계를 조절하는 결정적인 요소는 짐멜에 의하면 존재하지 않는다.

짐멜은 객관적인 가치를 심리학적인 사실로서 간주한다. 동일한 객체가 여러 명의 개인들에 의해서 각기 다양하게 평가되는 현상은 달리 표현한다면 결국 한 객체에 대한 상이한 해석이며 이는 각 개인의 주관적인 가치평가에 기인하고 있다는 것을 의미하는 것이다. 이 같은 가치의 주관성(Subjektivität)에 대한 짐멜의 연구는 가치가 결코 자의적인 논거를 지닌 객체에 의해서 정해지지는 않는다는 점을 우리에게 설명해 준다. 가치가 형성되려면 주체들의 주관성에 의해 객관성이 인정되는 것이 필요하고 가치가 그 범주에 속해야 한다. 그리고 주관성과 객관성은 여기에서 단지 서로 다른 단계들로서 나란히 존재할 수

---

221) *Ibid.*, p.23.

222) *Ibid.*, p.24.

223) Lichtblau(1994)를 볼 것.

있다. 그래서 심리학적으로 객관적이라고 승인되는 가치는 실제로는 주관적인 가치와 매우 밀접하게 연관되어 있다는 것이다.

이런 점에서 짐멜은 객체가 본래 지니고 있는 가치는 인간의 오감에 의해 원래와는 다르게 인식되는 속성을 지니기 때문에 가치를 결정짓는 오감적 특성들은 부정적인 의미를 지니고 있다고 본다. 왜냐하면 인간이 객체를 볼 때에는 현실이나 가치체계와는 상관없이 그 객체에 대해 우리가 가지고 있는 감정도 항상 수반되기 때문에 객체의 가치는 그 객체가 지닌 본래의 가치와 항상 동일하게 인식되지 않는 것이다. 가치의 의미와 내용, 개인의 정신적 삶 속에서 자리하고 있는 가치의 의미, 가치가 형성되기까지의 실제적이고 사회적인 사건들은 주체가 스스로 객체의 가치를 정하는 데에 별로 중요한 역할을 못한다는 것이다.[224]

여기에서 보듯이 짐멜은 가치와 의미(Sinn)란 과학적인 학문을 통해서는 획득될 수 없다는 입장에서 가치이론을 세웠다. 가치란 짐멜에 따르면 '욕구(Begehren)'라는 심리학적인 사실에 의해 객관적인 가치로 탈바꿈한다.[225] 그에 의하면 주체와의 '거리(Distanz)'에 의해 특성화되고 완성된 객체가 곧 가치라는 것이다.[226] 즉 완성된 객체는 대상을 갈망하는 동시에 그렇기 때문에 그 대상에 대한 욕구를 극복하려고 하는 주체와의 거리에 의해 특징지어지게 된다.[227] 그리고 이러한 객체를 우리는 가치라고 부르는 것이다. 그러면서 주체가 객체에 대한 열망이라는 즉 객체에 대한 대립이 소멸되는 그 향유의 순간과

---

224) Simmel(1991), p.29.

225) *Ibid.*, p.52.

226) *Ibid.*, p.34.

227) 짐멜이 의미하는 주체와 객체의 관계나 '거리(Distanz)'에 대해서는 Kim, Taewon(1999)을 볼 것.

더불어 주체는 가치를 소비하며 그래서 결국 가치는 주체로부터 분리
될 때 비로소 주체에 대해 대립적인 것으로서 또는 객체로서 생성된
다는 것이다.[228]

한편 짐멜식 사고를 따른다면 주관적인 가치평가는 객관적인 조건
에 기인한다. 즉 사물을 획득하는 것이 어려운 것은 그들이 가치 있기
때문이 아니며 우리가 그 사물을 획득하고자 할 때 나타나는 장애물
들에 대항하여 우리가 지니게 되는 욕구를 우리는 가치 있다고 부르
게 되는 것이다. 여기에서 보듯이 가치는 '자유의지(Willkür)'에서 생
겨나는 것이 아니다. 그보다 가치는 오히려 '욕구(Begehren)'와 '장애
(Hemmnis)'의 상관관계 그리고 거리로 표현되고 인식되는 주체와 객
체의 분리와 밀접한 관계를 맺고 있다.

사물의 본래의미를 인식하기 위해서는 사물과 우리가 사물을 받아
들이는 과정에서 형성되는 '거리'가 중요한 의미를 지닌다. 그와 동시
에 사물의 본래의미를 인지한다는 것은 곧 자아에 대한 의식화가 이
루어지도록 일깨우는 것이기도 하다. 그래서 가치 속에 내재된 주관성
은 실제로는 표면적인 속성이라고 말할 수 있다.

여기서 더 나아가 짐멜에 의하면 가치는 사회문화적 측면에서뿐 아
니라 또한 경제적인 관점에서도 고찰 가능하다. 상품에 대한 열망의
정도, 희소성, 기다리는 시간과 노동하는 시간에 의해 주체와 객체 사
이에는 거리가 생기게 된다. 경제의 세계는 가치 결정과정이 필요하고
이는 교환에 의해 유도되는 것이 필연적이다. 한 상품이 지니는 경제
적 가치는 인간이 소유하고자 하는 상품을 획득하는 것이 얼마나 어

---

228) 사람들은 일상 경험들 속에서 자신이 소유하고 있던 소유물을 상실한
　　 후에야 그것의 가치를 깨닫는 경우가 있는데 이러한 가치에 대한 예가
　　 바로 짐멜이 설명하는 경우와 일맥상통한다고 볼 수 있다.

려운가 하는 정도에 그리고 상품의 희소성 또는 상품을 획득하기 위해 기다리고 노동하는 시간에 의해 결정된다.

짐멜은 경제를 가치가 지속적으로 교환되는 형식으로 인지함으로써 교환을 근본적으로는 경제적 사실로 인식하고 분석한다. 그러므로 경제는 상호 간의 소통형식이자 행위형식이라고 볼 수 있다. 그리고 가치를 규정하는 과정을 포괄하는 현실로부터 생성된 실제적인 추상으로도 규정될 수 있다. 그런 가운데 교환이 이루어지기 위한 전제조건은 주체들이 무엇인가를 포기하여야 한다는 것이다. 그러한 포기행위가 이루어진 후에야 상품은 가치 있는 것으로 간주된다. 이 때문에 교환을 통해서 가치가 창출될 뿐만 아니라 경제성에 대한 보편적인 사고도 형성된다. 그러므로 짐멜은 교환을 순수한 '사회학적인 구성체(soziologisches Gebilde)'[229]이자 개인들 속에 자리하고 있는 삶의 한 형식과 기능으로 본다. 이로 미루어보면 사회적 결속이라는 것은 상대성과 밀접하게 연관되어 있음을 알 수 있다.

교환행위는 상호호혜성의 원칙에 기반을 두고 이루어진다. 그러므로 교환행위는 동시에 상호작용 행위이다. 바로 여기에서 사회적인 상호호혜성(Reziprozität)이 형성된다. 그러므로 교환은 사회적 결속이 이루어지는 기본적 초석으로 이해될 수 있다. 교환이 사회적 결속에 영향을 미친다는 것은 이중적인 의미를 내포하고 있다. 즉 교환이란 교환을 통해 개인들의 모임이 사회적인 집단으로 탈바꿈하게 되는 관계들의 사회적 결속이라고 볼 수 있다. 왜냐하면 사회는 이 같은 관계들의 총합과도 동일하기 때문이다.[230]

교환을 통해서 규정되는 하나의 대상이 지닌 가치는 주관성과 개인

---

229) Simmel(1991), p.80f.
230) *Ibid.*, p.210.

성을 초월할 수 있게 된다. 가치가 이처럼 상대성에 의해 결정된다는 것은 가치가 객관화됨을 의미한다. 교환과정은 한편으로는 교환의 대상 스스로가 교환의 목적이 될 때 그리고 다른 한편으로는 이 대상이 '간주관적(intersubjektiv)'으로 초개인적이며 객관적인 가치를 지니고 있게 되면 완전히 종결이 된다.

이상과 같은 교환의 경제적, 사회적 개념은 짐멜의 화폐이론의 중심을 형성한다. 짐멜의 논제를 단적으로 표현한다면 교환을 거친 후에야 경제적인 가치는 객관적으로 형성된다는 것이다. 짐멜에게 있어서 경제적 가치는 가치의 근본적인 규정이 구체화된 것, 또는 특수한 형식, 주체와 객체의 상관관계가 분화되는 과정이 상승된 것이다. 이는 다시 말해 경제체계 내에서 가치가 형성되는 과정의 형식이 바로 교환이라는 것이다. 즉 짐멜에 의하면 교환은 교환 당사자들 간에 이루어지는 사회적 과정이며 교환은 가치평가를 하는 본원적인 형식을 암시하는 것으로 표현될 수 있다.

이와 같은 가치규정의 상대성에 의해 가치는 객관화된다. 교환 즉 객체들의 교환관계를 정하고 고착화시키는 작업은 주체들의 순수한 주관성 속에 용해되어 있던 상태로부터 객체들이 궁극적으로 벗어남을 의미한다. 경제영역을 자율적인 것으로 구분지어 주는 경제적 가치의 객관성이 생성되기 위해서 결정적인 것은 경제적 영역이 개별적인 주체를 초월하여서도 스스로의 효력을 계속하여 지닐 수 있도록 주체로부터 본질적으로 독립하는 일이다.

짐멜은 가치와 화폐의 상관관계를 통하여 경제생활 내에서의 교환을 중점적으로 분석한다. 교환은 주관적인 평가를 객관적으로 측정하는 것을 전제로 하며 교환과정에서 정해지는 등가물(Äquivalenz)은 교환대상의 객관성을 평가하는 매개체이다. 이 같은 맥락 속에서 개인들 간에 이루어지는 대부분의 관계들은 교환으로 해석될 수 있다. 그러므로 삶이 본질과 내용을 획득한 듯이 보일 때에 교환은 인간 삶을 형식화하는 가장 순수하고도 가장 광범위하게 발전된 상호작용의 유형인 것이다.[231] 이처럼 짐멜은 처음에는 일방적인 행위인 듯이 보이는 행위도 실제로는 상호성의 토대 위에서 이루어진 것임을 강조하고 따라서 모든 교환행위는 상호작용으로 간주되어야 한다고 주장한다.

교환의 근본적인 특성은 교환과정에 참가한 사람들 중 한 사람이 이전에는 소유하지 못했던 것을 이제는 소유하게 되고 다른 한 사람은 이전에는 소유했던 것을 이제는 소유하지 못하게 된다는 것이다. 짐멜은 교환은 상품의 희소성 때문에 발생하는 문제를 개선하려는 주체들 간에 이루어지는 시도와 다를 바가 없다[232]고 말한다. 여기에서 중요한 점은 이 과정에서 희생이 요구되고 그럼으로써 주체들의 욕구가 만족될 수 있다는 것이다. 이는 표면적으로는 행위와 반응 즉 두 교환자 사이의 상호작용이 시기적으로 일치하여 이루어지게 되는 단순한 교환행위이다. 그래서 이런 종류의 상호작용은 근본적으로 한 사람이 그가 소유한 것을 제공하고 동시에 그가 소유하지 못한 어떤 것을 얻게 되는 과정이다. 그러나 보다 깊이 숙고해보면 교환은 타인이 소유하고 있는 객체 때문이 아니라 한 사람이 그가 이전에는 소유하지 못했던 감정 즉 타인을 통해 그가 잠재적으로 지니고 있던 소유감정이 일깨워짐으로 인해서 이루어진다. 즉 교환은 한편으로 다른 사람이 소유하고 있는 객체 때문이 아니라 자기 자신이 그 객체를 갖고 있지 못하다는 그 스스로의 감정의 반사를 통해 이루어진다.[233] 이로

---

231) *Ibid.*, p.60.

232) *Ibid.*, p.84.

233) *Ibid.*, p.36.

미루어 볼 때 교환은 교환 이후의 총계가 이전 것보다도 더욱 커진다는 사실로 특징 지워진다. 달리 표현하면 어느 쪽이든 교환행위의 참가자들은 그가 스스로 이미 지니고 있었던 것보다도 상대방에게 더욱 많은 것을 제공할 수 있는 효과가 발생하는 것이다.[234]

짐멜에 의하면 인간관계는 대체로 교환으로 해석될 수 있는 형식들 속에서 상호작용을 통해 이루어진다. 이는 곧 우리의 일상이란 매일 얻는 것과 잃는 것, 삶의 내용의 증대와 감소가 지속되는 과정임을 의미하는 것이다.[235] 짐멜은 일반적으로 개인을 초월하는 삶의 원형적 형식으로 교환을 이해한다. 교환과정에서는 개별적인 가치의 구체적인 정도를 나타내는 결정소로서 '유용성(Brauchbarkeit)', '갈망(Begehrtheit)' 그리고 '희소성(Seltenheit)'이 등장하고 그와 더불어 가격(Preis)이라는 것이 형성된다.

상대성이란 상호적 의존관계를 내포하는 의미이다. 객체는 사물들과의 상대적인 비교를 통해 객관적인 위치가 정해진다. 그리고 객관적인 가치는 두 교환 당사자들이 하나의 상품을 획득할 수 있는 가능성과 준비성을 의미한다. 이 가운데 가치는 사회적 구성체로 인식될 수 있다. 왜냐하면 교환과정 속에서 상대성의 원칙에 따라 가치는 이제 유효하게 인정되며 지속적으로 객관화되었기 때문이다. 따라서 모든 존재하는 것의 상호작용은 경제적 가치를 부여받게 되고 그의 질료는 삶의 원칙에 따르게 된다.[236] 이 때문에 산업사회에서 화폐의 역할이

---

234) 한 객체를 사이에 두고 이루어지는 교환과정은 주체들의 주관적인 감정이 개입되어 상대적으로 가치결정이 이루어지기 때문에 객체의 본질적인 가치 속에 주체들의 가치가 투입된다. 그러므로 결과적으로 볼 때 교환을 통해 객체에 부가가치가 생성되므로 교환 이후의 가치총계는 교환 이전의 객체의 순수한 가치보다 커질 수밖에 없는 것이다.

235) Simmel(1991), p.51.

중요하게 부상된다.

화폐는 경제적 가치의 정점을 이루며 그에 대한 가장 순수한 표현물이기도 하다. 화폐는 일정한 형식을 갖지 않는다.[237] 그러나 화폐를 소유함으로써 개인은 산업자본주의사회에서 자유를 얻을 수 있다. 그래서 화폐는 근대 개인주의의 성립 과정에서 가장 중요한 요소로 작용하였다.

오늘날 화폐는 추상적인 재산가치로 정의된다.[238] 이는 곧 화폐가 자율성을 획득했음을 의미한다. 그럼으로써 오늘날의 화폐는 개념적이고 상징적인 존재로 자리잡게 되었다. 이렇게 볼 때 한 상품이 지니고 있는 화폐로 환산된 가격은 그 상품과 그 이외의 다른 모든 상품들 간에 형성되는 교환 가능성의 정도를 의미한다. 그럼으로써 화폐가격은 상품을 교환 가능성이 있는 순수하고 경제적 요소로 한정지어 놓는다.

짐멜의 가치이론을 우리는 '희생이론(Theorie des Opfers)'으로 바꾸어 말할 수 있다. 짐멜은 희생을 가치로서가 아니라 가치를 형성하는 요소로 성격 짓는다. 하나의 객체를 자연 그대로의 존재 상태로만 본다면 샘에서 솟아나오는 샘물이나 우리가 호흡하는 공기처럼(엄밀히 말하면) 무가치한 것이다. 오로지 인간이 지닌 욕망과 그 욕망의 충족 간에 생겨나는 거리만이 객체에 대한 인간의 욕구에 긴장감을 유발시킨다. 그 긴장의 해소나 만족을 통해 단순한 하나의 객체는 가치 있는 객체로 변모된다. 그리고 주체의 욕구에 대한 실질적인 만족도가 객체에 대한 가치평가의 토대가 된다.

---

236) *Ibid.*, p.121.

237) *Ibid.*, p.320.

238) *Ibid.*, p.122.

우리는 타인을 통해서만 우리의 자아를 이해할 수 있고 역으로 타인들의 경우도 마찬가지이다.[239] 이러한 상대성이 가장 응축되어 있는 것이 짐멜에 의하면 바로 화폐인 것이다. 화폐는 관계가 객관화된 것을 나타내는 결정체라 볼 수 있다. 객관화는 경제체계 내에서 교환가능성이 성립됨을 의미한다. 그리고 더 나아가 객관화는 사물들이 서로에 의해 규정되고 그런 방식으로 관계의 상호성에 토대를 두게 되는 형식을 나타내는 표현이다. 이러한 방법에 의해 화폐는 상대성 또는 더 정확하게는 교환 가능성에 대한 상징으로 자리잡게 된다.

3. 화폐기능과 속성

짐멜은 '화폐의 본질가치(Der Substanzwert des Geldes)'라는 장에서 모든 경제학자들이 품게 되는 공통의 의문점을 다루고 있다. 즉 시장에서 화폐가 화폐로서의 기능을 제대로 수행하기 위해서 그리고 가치를 측정할 수 있기 위해서는 화폐라는 실체 속에 본래적으로 가치가 내재되어 있어야 할 것인가 하는 문제이다.[240] 이는 즉 측정하는 수단과 측정되는 대상 사이에 질(Qualität)의 동일성(Gleichheit)이 존재해야 하는가 하는 문제이다. 이러한 물음에 대한 답은 그리 쉽게 찾을 수 있는 것이 아니다. 왜냐하면 화폐를 표현하는 수단인 가격과 상품의 관계는 그리 단순하지가 않기 때문이다. 이처럼 화폐의 측정기

---

239) 이런 점에서 미국의 상징적 상호작용론자 미드(G. H. Mead)는 짐멜과 유사한 관점을 가지고 있다고 볼 수 있다. 이에 대해서는 Kim, Taewon(1999)를 볼 것.

240) Simmel(1991), p.141.

능[241]을 인식하기 힘든 이유는 화폐가 금이나 은으로서의 '가치'를 잃어버리고 하나의 '기능(Funktion)'으로서 즉 화폐가 스스로의 기능을 가지게 됨으로써 이중적인 성격을 가지게 되기 때문이다.

따라서 짐멜은 화폐의 '본질가치'보다는 오히려 화폐가 지니고 있는 기능이 더 본질적인 것이라고 생각한다. 화폐는 교환과정[242]을 거치면서 자신의 본래적 성질을 점차 포기하게 되는 경향을 갖게 된다. 다른 모든 경제 현상들처럼 화폐도 점차 하나의 상징으로 변화하게 되고 단순한 실체로서의 속성을 상실하게 된다.

동일함이나 유사성을 전혀 지니고 있지 않은 사물들 간에도 동일한 선상에서 관계를 맺어 놓을 수 있는 대상과의 가치 상관관계를 표현하는 데에서 화폐는 존재의 의미를 창출해 낸다.[243] 급부(Leistung)와 반대급부(Gegenleistung) 간에 객관적인 등가성이 생겨날 수 있는 것은 화폐 내에 가분성(Teilbarkeit)이 내재해 있기 때문이다. 그러므로 어떤 정도의 크기를 추정하는 수단으로서의 화폐는 무한하게 이용될 수 있는 속성을 지니고 있다. 화폐를 통해 급부를 교환하면서 교환행위자 중의 한 사람은 그가 특별히 필요로 하는 대상을 획득하여 소유하게 되고 다른 한 사람은 모든 사람들이 매우 보편적으로 필요로 하는 화폐를 얻게 된다. 화폐는 다시 말해 무한하게 이용 가능하고 어느 때라도 모든 사람들이 소유하기를 희망하는 수단으로 자리하는 것이다.[244]

가치평가의 대상인 상품들의 본래가치를 화폐가치로 산정해 낼 수

---

241) *Ibid.*, p.162. 교환과 연관된 이러한 화폐의 측정기능에 대해서는 185쪽을 볼 것.
242) Simmel(1991), p.217.
243) *Ibid.*, p.164.
244) *Ibid.*, p.388.

있는 것은 상품들 간에는 교환관계의 변화 가능성이 내재해 있다는 유동성을 포함하는 표현이다. 이를 달리 표현한다면 화폐는 '가치의 항상성(Wertkonstanz)'245)을 보존해 주는 수단이라는 것이다.

화폐 자체가 가치여야 하는가? 그리고 화폐가 고유한 실재적 가치 없이 단순한 기호나 상징으로서 존재해도 과연 충분할 것인가246)는 문제에 대해 짐멜은 화폐가 가치를 측정하는 기능을247) 수행한다고 해서 화폐가 고유한 스스로의 가치를 절대적으로 소유하고 있어야 하는 것을 의미하지는 않는다고 대답한다. 왜냐하면 화폐를 통한 교환과정에서는 본질가치 대신에 기능가치(Funktionswert)가 파생되기 때문이다.248) 화폐가 기능가치의 표상을 가지고 있다거나 또 그렇게 인식되는 것은 화폐의 개념이 실재개념으로부터 심리학적인 개념으로 변화됨을 의미한다.249) 짐멜은 스스로는 가치평가의 대상이 되지 않는 화폐의 특성을 '무질성(Qualitätslosigkeit)' 또는 '비개인성(Unindividualität)'250)으로 표현한다. 그러나 화폐의 이 같은 무질성이 질적으로 규정될 수 있는 가치로부터 수의 형식으로 표현되는 순수한 양의 상징으로 전환됨으로써 상징으로서의 화폐로 고양된다.

상징으로 인식되는 화폐는 경제 행위자들 사이에 특별한 신뢰가 생겨날 때에만 화폐로서의 기능을 수행할 수 있다. 화폐를 통해 매매행

---

245) 이를 짐멜은 '가치축적자로서의 화폐(Geld als Wertspeicher)'로 규정한다. *Ibid.*, p.131.

246) Simmel(1991), p.139.

247) *Ibid.*, p.122, 131, 134, 150, 162, 232, 237, 250, 665.

248) *Ibid.*, p.158.

249) *Ibid.*, p.233.

250) 이를 짐멜은 '가치로서의 화폐(Geld als Wert)'로 표현한다. *Ibid.*, p.126f, p.437.

위를 하는 가운데 새로운 경제체계 내에서 제3의 주무기관 역할이 파생된다. 다시 말해 교환행위를 하는 두 당사자들 사이에 사회 전체적 구조가 간여하게 되는 것이다. 그래서 화폐는 사회의 규정체계[251]를 그대로 반영하게 되는 것이다. 이처럼 짐멜은 화폐에 철학적인 의미를 부여한다. 그래서 화폐를 실체가 되어버린 사회적 기능들의 범주에 포함시킨다.[252] 왜냐하면 교환과정에서 화폐를 통해 이루어지는 개인 사이의 직접적인 상호작용이 제도화되기 때문이다. 이런 면에서 화폐는 사람들로 하여금 사회적 결속을 맺을 수 있게 하는 가장 순수한 형식들 중의 하나인 것이다.[253]

4. 목적으로서의 화폐

화폐는 우리가 목적을 달성하는 데에 단순히 도구로서의 역할을 수행하는 수단으로서 그리고 가장 순수한 표상을 내포하고 있는 어떤 것으로 설명될 수 있다. 화폐는 어느 곳에서나 보편적인 의미를 갖는 목적을 소유하고 있지 않기 때문에 어떤 객체들에 대해서도 완전히 똑같은 관계를 취한다.

짐멜은 '충동적인 의지'와 '목적에 의해 유도되는 의지'를 원칙적으로 구분짓는다. 충동적 의지에 따라 이루어지는 행위는 오로지 인과론적으로 규정된다.[254] 목적에 의해 유도되는 의지[255]에 있어서 과정은

---

251) 이를 짐멜은 '제도로서의 화폐(Geld als Institution)'로 표현한다. *Ibid.*, p.213.

252) *Ibid.*, p.209.

253) *Ibid.*, p.209f.

행위가 하나의 특정한 객관적인 성과를 거두는 것을 목표로 삼고 그 목표가 달성되었을 경우 특정한 반응을 보이며 과정을 종결하게 된다. 목적과정은 이 가운데 개인적으로 의지를 갖고 있는 자아와 자아의 본성 간에 의식적인 상호작용이 이루어짐을 의미한다.

도구(Werkzeug)로서의 화폐는 개인이 원하는 목적을 달성하기 위해 그의 행위나 소유를 가능하게 하는 하나의 제도이다.256) 도구로서의 화폐는 절대적이며 추상적인 수단이다. 왜냐하면 화폐는 내용상으로 볼 때 개별적인 목적과는 어떠한 관계도 맺고 있지 않기 때문이다. 그러므로 화폐는 도구의 가장 순수한 형식이다. 왜냐하면 화폐는 스스로의 고유한 내적인 의미를 전혀 지니고 있지 않기 때문에 우리가 무한하게 사용할 수 있는 가능성을 제공하기 때문이다.

또한 화폐는 가치를 얻기 위한 수단이므로 존재적 가치를 지니고 있다.257) 그러나 화폐가 근대 이후의 삶 속에서 단지 수단으로서만 그 존재의 의미를 지니고 있는가에 대해서는 의문의 여지가 있다. 왜냐하면 화폐는 가치에 대한 의식 속에서 절대화되기 때문이다.258)

짐멜은 또한 화폐의 양이 어떻게 질적인 의미로 전환될 수 있는가를 설명한다. 이 경우에 짐멜은 오로지 경제의 측면만을 고려의 대상으로 삼는다. 양이 증가할수록 질도 또한 변화되는 것이 화폐의 고유한 성질이다. 예를 들어 한 사람이 많은 양의 화폐를 소유하는 것은 여러 사람이 그 한 사람이 소유한 양의 화폐를 나누어 소유하고 있는 것과는 매우 다른 효과를 갖기 때문이다. 화폐의 질이 그 양에 의해

---

254) *Ibid.*, p.255.
255) *Ibid.*
256) *Ibid.*, p.265.
257) *Ibid.*, p.292.
258) *Ibid.*, p.299.

측정되는 이러한 속성은 오늘날 우리 삶의 질을 규정하는 중요한 결정소로 자리하게 되었다. 그러므로 이러한 화폐의 속성은 현대적 삶의 보편적인 경향을 상징하는 것으로 여겨진다. 다양한 목적들에 대해서는 동일한 수단으로서만 존재했던 화폐가 이제는 화폐의 양에 대한 문제에 있어서는 독자적인 의미를 갖게 된 것이다.

화폐의 질은 오로지 그의 양에 의해서만 정해진다.[259] 이로부터 다음과 같은 몇 가지를 유추해 볼 수 있다.

　ⅰ) 화폐를 소유함에 있어서 양적인 차이는 소유자에게는 질적인 사실을 의미한다.[260]

　ⅱ) 형식의 파괴자(Formzerstörer)인 화폐는 동시에 무형식적인 것으로서의 화폐로 인식된다.[261]

　ⅲ) 근대에서 화폐를 절대화하는 경향은 보편적으로 세계의 양화추세(Quantitätstendenzen)를 유발시킨다.[262]

짐멜은 화폐는 경제적인 가치의 정점을 이루는 것이며 경제적 가치가 가장 순수하게 표현된 것으로 간주한다[263]. 화폐는 상호 간에 서로 의존하고 있는 인간관계를 나타내는 표현이며 수단이자, 한 사람의

---

259) 이 경우 화폐의 질이라는 것은 오늘날의 사회의 경제적 측면에서 중요한 의미를 갖는 화폐의 상대적 질을 즉 서로 다른 측정가치로서의 화폐의 상대적 질을 의미하는 것이 아니라 화폐 그 자체의 질에 대한 논의이다. 본 논문은 화폐 자체에 대한 분석이지 서로 다른 화폐의 상대적 가치에 대한 비교분석이 아님을 밝혀 둔다. 이것은 본 논문의 첫머리에서 이미 언급되었듯이 짐멜의 화폐에 대한 분석의도가 국민경제학적 의미를 담고 있는 것이 아니기 때문이다.

260) Simmel(1991), p.340f.

261) *Ibid.*, p.369f.

262) *Ibid.*, p.369f.

263) *Ibid.*, p.93.

욕구충족이 항상 다른 사람들에게 상호적으로 종속되는 인간의 상대
성에 대한 표현이며 수단이다.[264]

화폐의 형식 속에서 수단은 가장 순수하게 표현된다. 그러므로 화
폐는 그가 지닌 추상적인 개념과 완전히 동일하게 존재하는 구체적인
도구이다. 화폐는 완벽한 형식을 지니므로 절대적인 수단이다. 즉 화
폐는 스스로가 그의 수단인 것이다. 인간세계에는 화폐만큼 완전한 가
치를 가지고 있는 수단이란 존재하지 않는다. 화폐는 처음에는 명백하
게 단지 경제적인 매개물인 것처럼 보인다. 하지만 '수단'에서 '목적대
상'으로 화폐가 변형됨으로써 인간의 소외현상이 나타나게 된다.

5. 개인과 화폐

화폐제도에 의해 영향을 받는 개인과 사회적 삶에 대해서는 화폐의
철학의 종합편에서 분석되고 있다. 이 종합편은 화폐가 인간의 영혼이
나 사회구조 속에서 차지하는 위상이 높아질수록 화폐가 양자를 지배
하는 세력은 커지게 된다는 요지를 함축하고 있다고 볼 수 있다.

개인의 자유(Die individuelle Freiheit)편에서 인간의 상호관계는 화
폐와 관련되어 이루어지는 하나의 수단(Mittel)으로 취급된다. 짐멜은
인간을 '교환하는 동물(das tauschende Tier)'[265]로 명명하면서 교환
과 상호작용(Wechselwirkung)에 관해 분석한다. 물론 여기에서도 인
간은 '객관적 동물(das objektive Tier)'[266]로 파악된다. '객관적 동물

---

264) *Ibid.,* p.179.
265) *Ibid.,* p.385.
266) *Ibid.*

이라는 표현 속에서 우리는 보통 '객관성(Objektivität)'이라 불리는 것
에 대한 암시가 들어 있음을 알 수 있다. 즉 상호작용의 의미와 형식
은 화폐 속에서 가장 순수하게 표현되는데 이는 가장 추상적인 것 즉
개인의 정신적 구조가 객관화(Objektivierung)됨을 의미한다. 여기에
서는 개인의 정신적 구조는 원래의 개인성(Individualität)을 초월하는
의미를 지니고 있다. 그 결과로 화폐는 개인들의 상호관계 속에서 가
치를 표현하는 교환수단으로 자리하게 된다.

교환이란 주고(Geben)받는(Empfangen) 두 과정을 단순히 합한 과
정이 아니라 그 속에서 두 과정 모두가 동시에 원인이자 영향이 되는
새로운 제3의 현상이다. 그래서 가치는 곧 경제적인 가치라 명명될 수
있다.[267] 교환의 과정은 주는 것과 받는 것이라는 상호적 행위로 구
성된다. 그러나 이 행위들은 원래 그 이전부터 특정한 주체에게 부여
되었던 가치를 소유하고 있던 특수한 대상에게 구속되지는 않는다. 여
기에서 필요한 모든 것은 오히려 교환행위 속에서 자생적으로 창조되
기 때문이다.

보편적으로 경제영역에서 의미하는 가치개념은 '유용성'과 '희소성'
이란 개념을 통해 설명될 수 있다. 경제활동의 주체가 스스로의 내부
에서 경제행위를 하도록 동기가 유발되기 위해서 첫 번째로 필요한
것은 유용성이다. 유용성이란 경제적 가치를 결정짓는 절대적인 구성
요소이다. 그러나 반면에 희소성은 양적인 관계를 나타내기 때문에 단
지 상대적인 요소라 말할 수 있다. 이처럼 짐멜은 유용성이란 것을 경
제의 움직임을 결정짓는 근본적인 요소로 본다. 짐멜에 따르면 현실화
된 요구들의 상호작용에 의해 객체들의 경제적 가치가 결정되며 가치
가 결정되는 관계에 있어서는 희소성 또는 상대적인 희소성(relative

---

267) *Ibid.*, p.73f.

Knappheit)이란 속성이 중요하게 작용한다. 그러나 짐멜은 여기에서 서로 주고받는 주체 사이의 인간적 관계가 더욱 중요하다고 생각한다.

화폐는 개인들이 가장 비인격적인(unpersönlich) 관계로 맺어질 수 있게 하는 특성을 지니고 있다. 다시 말해 화폐경제가 발달됨에 따라 화폐를 통해 맺어지는 상호 대상적인 관계는 증가하게 된다. 그러나 (관계는 구속을 전제로 함에도 불구하고) 이 관계 속에서 개인의 자유가 침해되지는 않는다. 왜냐하면 화폐라는 수단이 사용됨에 따라 객체와 주체는 서로 분리되기 때문이다. 화폐를 통해 맺어지는 인간관계는 수없이 많다. 거의 모든 인간관계는 단지 객체적인 목적에 의해서만 구속될 뿐이다. 이를 달리 표현하면 화폐경제가 사회를 지배할수록 서로 구속관계에 놓여 있는 사람들의 수는 점점 더 늘어난다 하더라도 화폐라는 매개체가 존재하기 때문에 이들은 상대로부터 자유로운 상태를 유지할 수 있다.

바로 이처럼 현대 사회에서는 화폐를 통해 비인격적인 관계를 맺을 수 있는 가능성이 존재하기 때문에 개인들에게는 오히려 자유가 보장되는 공간이 남게 되는 것이다. 이렇듯 화폐는 인간관계의 성격을 바꾸어 놓고 개인에게 자유로운 상태를 영위할 수 있는 공간을 무한하게 제공해 준다.

화폐의 철학 중 바로 이 부분에서 화폐와 개인주의의 관계에 대한 짐멜의 음울한 예견을 엿볼 수 있다. 화폐는 개인이 모든 관계 속에서 자신의 자아만 가지고도 역할을 수행할 수 있도록 가능성을 제공해 주므로 이로 인해 개인은 여러 다양한 집단에 동시적으로 속할 수 있게 된다. 즉 화폐로 인해 개인은 개별화될 수 있는 더욱더 많은 기회와 가능성을 소유하게 된다.

짐멜은 개인의 자유란 개인이 자신의 의무로부터 차츰 벗어나고 자신이 임의로 행위할 수 있는 영역을 넓혀가는 것을 의미한다고 한다. 이것은 곧 개인들 간의 종속관계가 형식적으로 변화하도록 유도한다. 다시 말해 타인을 대상화시키는 객체화와 비인격화(Entpersonalisierung)[268]는 화폐를 통하여 가장 극대화될 수 있다. 즉 짐멜은 개인의 자유가 화폐를 통한 관계들의 비인격성 획득과 밀접한 관계가 있음을 밝혀낸 것이다. 개별성과 주관적인 질적 내용들은 화폐 경제적인 관계들 속에서 사라지게 된다. 여기에서 우리는 화폐를 통한 개인성의 변화를 보게 되는데 즉 한편으로 개인은 노동분화가 증가될수록 점점 더 많은 개인들과 관계에 의해서 구속당하지만(노동 분화적인, 기능적인 구속) 다른 한편으로는 분화를 통한 기능들이 중시됨에 따라 타인들과의 상호관계 속에서 개인의 인격성은 사라지게 되는 것이다. 즉 다른 사람들과의 관계에 있어서 비인격적인 측면이 증가된다.

6. 개인의 가치

화폐로 측정되는 개인의 가치(Das Geldäquivalent personaler Werte)에서는 화폐와 심리학적으로 연관되어 있는 역사적 사실들이 다루어지고 있다. 인간과 화폐, 가장 고귀한 존재와 가장 비인격적인 대상이 비교를 통해 한 맥락에서 다루어진다. 그리고 인간의 가치가 화폐로 측정될 수 있다는 것 예를 들어 살인 배상금, 노예제도 그리고 매매혼[269] 등에 대한 분석이 이루어진다.

화폐경제의 발달로 인해 양적인 의미가 중요시되는 근대 이후 사회

---

268) *Ibid.,* p.403f.
269) *Ibid.,* p.485f.

의 경향은 점점 더 개인화되어 가는 인간세계의 분화(Differenzierung)
와 더불어 더욱더 빠르게 진행된다. 이러한 경향으로 인해 개인은 더
욱더 스스로의 가치로부터 멀어지게 되고 상품화되어 간다. 그러므로
우리는 화폐의 가치로부터 매매의 가치를 이끌어 낼 수 있게 된다.

경제가 주도하는 사회구조 속에서 일어나는 변화와 근대가족의 성
립은 여성들의 지위를 변화시켜 여성들이 지니는 경제가치는 그 원래
의 성격을 잃어버리게 되었다. 초기 산업화 사회에서 형상만을 중시하
는 관찰자들의 눈에는 여성들은 부담스러운 짐으로 간주되었을 뿐이
다. 왜냐하면 그녀들은 경제적으로 아무것도 벌어들이지 못했기 때문
이다. 이런 점은 결혼을 할 때 여성들이 남성 배우자 집에 지참금과
선물을 가져다주는 풍습이 등장하게 되는 배경이 되었던 문화적 맥락
과 표면적으로는 일치하는 점이다. 그러나 이것은 화폐가 교환의 가장
자연스러운 수단으로 받아들여지던 시기에나 가능한 일이었다. 그리고
이런 시기에는 화폐만이 여성에게 자신이 희망하는 경제적인 보장을
해줄 수 있었을 뿐이다. 예전에는 여성의 노동생산성에 상응하여 지불
되었던 값이 이제는 노동력을 제공하지 못하는 여성을 대신하여 선물
과 화폐를 통해 상쇄되고 여성의 경제적 보장을 대신하게 된 것이다.

매매혼 속에 자리하는 이 같은 화폐의 의미를 더욱 자세히 설명하
기 위하여 짐멜은 매춘(Prostitution)의 경우를 예로 든다. 사람들이
서로를 오직 하나의 수단으로만 간주하게 되는 전형적인 사례로서의
매춘은 절대적 수단으로 여겨지는 화폐와 긴밀한 연관관계를 맺고 있
다.[270] 그리고 그 때문에 이와 비슷한 성격을 지닌 매매혼으로 이루
어진 결혼생활 속에서 경제적으로 소득활동을 하지 못하는 여성은 비
슷한 경우의 남성보다도 더욱 고통받을 수밖에 없는 것이다.

---

270) *Ibid.*, p.513-541.

짐멜은 화폐의 의미가 더욱 부각되는 두 가지의 경우를 예시하는데
그것은 바로 비합법적이고 비밀스러운 방법으로 화폐를 벌어들이는
'부패(Korruption)'나 '매수(Bestechung)'271) 그리고 인간 존엄성의 파
괴이다. 왜냐하면 사물들의 상호교환 가능성과 그 사물을 언제라도 팔
수 있다는 가능성은 인간가치의 질적 수준의 저하를 의미하기 때문이
다. 인간의 전체성을 화폐로 측정하는 행위를 짐멜은 '살인배상금'제도
의 예를 통해 설명한다. 살인배상금이란 현상 속에서 '전체적 존재로서
의 인간성(Persönlichkeit als Ganzes)'272)을 측정하는 도구로서 화폐는
다른 어느 것과도 비할 바 없이 절대적인 의미를 지닌다. 만약 우리가
무엇보다도 인간의 절대적인 가치에 기반을 두고 성립된 기독교라는
종교를 생각해 보면 이는 굉장히 역설적인 사실이 아닐 수 없다.

종합적으로 살펴보면 노동의 분화경향은 사회 내에서 개인이 지니
는 가치와 능력들을 더욱 중요하게 만드는 데 기여하였다. 개인의 가
치와 능력은 돈으로 환산되어 측정된다. 그러나 이러한 경향은 금전적
으로 보상되는 능력들이 그들의 매매 가능성 때문에 매춘이나 매수처
럼 타락한 성격을 수반하게 된다.273)

법의 영역에서도 도구로서의 화폐가 지니는 중요성은 사회의 분화
가 높은 정도로 진행될수록 그에 비례하여 더욱 증가되어 왔다. 예를
들어 산업사회가 발전할수록 벌금을 물리는 벌이 늘어나고 또 손해배
상이라는 개념의 의미도 더욱 중시되어 왔다. 공업화 과정에서 노동을
통해 창조된 가치는 이제 어떻게 그 가치를 산출해 낼 것인가 하는

---

271) *Ibid.*, p.532.
272) *Ibid.*, p.461.
273) 이 경우에 화폐는 개인의 개별적인 능력을 산정하는 도구로 쓰인다.
    Ibid., p.529.

물음이 생겨나게 하였다. 이에 대해 짐멜은 다음과 같은 답을 제시한다: 노동을 통해 갚아지는 것은 심리적인 힘의 소모인데 이를 위해서는 내적인 장애요인과 불쾌감을 삭히고 극복하는 것이 필요하다.[274] 노동에 대해 화폐로 보상되는 행위는 그래서 사회 내에서 특별한 위치를 점하게 된다. 이는 실생활 속에서 우리가 직접 경험하고 느낄 수 있는 일들이다. 그럼에도 불구하고 노동과 화폐로 지불되는 노동의 대가는 사회주의적인 체계들 속에서도 소외만을 생산했을 뿐이다.

7. 화폐와 삶

"삶의 양식(Der Stil des Lebens)"이라는 화폐의 철학 마지막 장에서는 화폐와 문화, 근대적 삶의 전체 리듬과 당시의 다양한 사조들이 논의되고 이러한 것이 하나의 통합체로 결부된 삶의 양식들에 대해 연구된다.

화폐는 경제학의 범주에 속하는 모든 것이 교환될 수 있음을 의미하는 존재이다. 그런 맥락에서 개인이 경제의 원칙에 따라 기계를 통해 생산되는 생산물들의 객관적인 발전과정에 종속된다는 것은 곧 그에게 자유의 공간이 제공될 수 있다는 가능성을 암시하는 것이다. 그래서 노동이 가장 고도로 발달된 형식 즉 정신적 노동은 개별적이며 임의적인 속성을 지닌다. 화폐도 이와 같은 형식으로 발전된다. 화폐는 경제시장에 종속되어 있지만 유동적인 한편 특성을 지니고 있지 않기 때문에 어느 체계에든 적응할 수 있는 능력을 지니고 있다.

그러나 근대화 과정에서 인간의 삶은 화폐에 의해 더욱더 많은 부

---

274) *Ibid.*, p.583.

분이 구속되게 되었다. 산업사회에서 화폐는 삶의 양식이 규정되는 데에 중요한 영향을 미친다. 이는 화폐의 양이 증가하거나 감소될 때 우리 내면에서 변화하는 경제적이며 심리적인 과정들이 이로부터 영향을 받게 되고 화폐가 인간의 감정을 상승시키는 역할을 하며 시간이 곧 화폐로 전환되기 때문이다.

화폐는 항상 움직이는 유동성을 지니기 때문에 경제적 삶의 중심부에서 삶이 가장 빠른 속도로 변화되는 교환행위 속에서 움직이게 된다. 화폐가 화폐로 존재하기 위해서는 그러므로 한 개인에게서 다른 개인에게로 옮겨져야 한다. 지속적인 움직임 속에서만 화폐는 그의 기능을 수행할 수 있으며 그 가운데에서만 화폐는 의미를 지니게 된다. 화폐는 모든 경제적 대상을 수량화하는 척도로 자리하고 또한 경제적 객체들을 대신하는 등가물로 자리한다.

화폐는 세계의 움직임을 대신하는 궁극적인 상징인 것이다. 세계는 항상 유동적이며 삶은 상대적인 속성을 지니고 있다. 그러므로 화폐가 지니는 철학적인 의미는 화폐가 세계 내에서 보편적인 형식을 가장 명확하게 현실화하는 가장 안전한 보장 수단이라는 점이다.

□ 맺음말

만약 사회적 사건이 사회적 질서나 상호작용의 형식들에 의거하여 고려된다면 사회적 사건은 동시에 개인 삶의 범주 속에서도 분석될 수 있으며 개인의 삶의 결과로 인식될 수 있다.[275] 이런 점을 밝혀냈다는 점에서 짐멜은 미시사회학 분야에 기여한 학자로 인정되며 그의 미시사회학적 경향은 행위이론(Handlungstheorie)으로 이해되기보다는

---

275) Simmel(1992), p.55f.

거시영역을 구성하는 사회적 행위를 체험(Erleben)을 통해 대체한 것
으로 이해된다.

짐멜은 특히 근대화 과정에서 표면화된 근대문화의 문제에 대해서
관심을 가졌다. 그는 문화에 대해 학문적인 관심을 가지고 화폐의 철
학에서는 특히 화폐가 지니고 있는 심리적 또는 더 나아가 문화적 의
미를 주로 분석하였다. 여기에서 그는 경제적 요소들을 심리적이고 형
이상학적인 조건들이 작용하여 생긴 결과로 파악하였다.

화폐의 철학에서 짐멜은 표면상으로는 가장 외적이며 본질적인 실
체가 없는 것과 삶의 내적인 본질 사이의 대립이 극복되도록 하였다.
이는 다시 말해 짐멜은 한편으로는 보편적인 삶의 조건들에서 태어나
는 화폐제도와 다른 한편으로는 화폐에 의해 영향을 받는 일반 삶의
과정을 서로 연관지어 분석하였음을 의미한다.

일반적인 경제이론과 짐멜의 화폐이론 또는 화폐의 가치이론 간에
차이가 있다면 짐멜은 화폐경제를 사회학적으로 분석함에 있어 인간
의 심리적인 면에 초점을 두고 사회와 경제를 연구했다는 것이다. 즉
짐멜은 화폐가 인간 사회 내에서 맺어지는 관계를 교환이라는 행위과
정을 통해 객관화시키고 화폐라는 매개물을 통해 표현되는 가치는 희
생을 전제로 한 인간의 상호작용에 의해 결정된다는 것을 밝혀냈다.
그런 가운데 다른 어느 것보다도 인간의 열망, 수요, 희소성 등 감정
들이나 심리적인 면이 가치 결정에 있어 중요한 요소로 작용한다는
것을 강조하였다. 이런 미시적인 점에 대해 연구를 했다는 면에서 짐
멜은 그와 동시대에 근대사회를 연구했음에도 불구하고 사회조직이나
법 등 거시적인 체계의 분석을 중시한 베버(M. Weber)[276]와 같은
학자들과는 확연히 구분이 된다. 그래서 인간의 감성적인 면이 중시되

---

276) 이에 대해서는 Kim, Taewon(1999)를 참고할 것.

는 오늘날의 포스트모던 사회를 연구하는 학자들을 위해서도 선구적
인 업적을 남겼다.

산업사회에서는 화폐를 통한 교환행위가 빈번해짐에 따라 개인들은
점차 증대하는 자유를 누리게 되었지만 반면에 개인들의 상호관계는
더욱더 서로의 이익에 의해 구속되게 되었다. 즉 짐멜은 화폐가 양
(Quantität)을 질(Qualität)의 가치로 바꾸어 놓을 수 있는 힘을 소유
하고 있으며 그러한 화폐경제의 발달로 인해 사회나 개인의 정신적
구조도 변화했음을 지적해낸 것이다.

이렇듯 화폐는 산업사회에서 인간관계를 객체화시켜 표면적으로는
사회경제적 진보가 이루어지는 데 기여를 했으나 반면에 인간 삶의
양식을 바꾸고 인간성의 상실을 유발하여 전통적인 유대관계는 무너
지고 인간 삶이 황폐화되는 데에 결정적으로 기여한 것이 사실이다.
이러한 사회경제구조와 그에 지배되는 인간 삶에 대해 거시와 미시적
시각을 접목하여 분석함으로써 짐멜의 화폐이론, 달리 말해 근대화에
대한 문화이론은 오늘날에도 여전히 우리에게 시사하는 바가 크다.

참고문헌

1. 짐멜의 저서 및 논문

Simmel, Georg(1904): Kant. Sechzehn Vorlesungen. Leipzig

_____(1907): Die Probleme der Geschichtsphilosophie, 3. Aufl.,
Leipzig

_____(1913a): Hauptprobleme der Philosophie, Berlin und Leipzig

_____(1913b): Goethe, Leipzig

_____(1916): Das Problem der historischen Zeit

_____(1916/17a): Der Fragmentcharakter des Lebens. Aus
den Vorstudien zu einer Metaphysik, in: Logos. Internationale
Zeitschrift für Philosophie der Kultur, Bd. VI, hrsg. von Richard
Kroner und Georg Mehlis, Tbingen, S.29-40.

_____(1916/17b): Vorformen der Idee, in: Logos. Internationale
Zeitschrift für Philosophie der Kultur, Bd. VI, hrsg. von Richard
Kroner und Georg Mehlis, Tbingen, S.103-141.

_____(1917a): Rembrandt, Leipzig

_____(1917b): Der Krieg und die geistigen Entscheidungen.
Reden und Aufsätze, München und Leipzig

_____(1917c): Die Krisis der Kultur, in: ders., Der Krieg und
die geistigen Entscheidungen. Reden und Aufsätze, München
und Leipzig, S.45-64.

_____(1918a): Vom Wesen des historischen Verstehens, Berlin

_____(1918b): Lebensanschauung. Vier metaphysische Kapitel,
München und Leipzig

_____(1923a): Aus dem nachgelassenen Tagebuche, in: ders.,
Fragmente und Aufsätze, München, S.1-46.

_____(1923b): Die historische Formung, in: ders., Fragmente
und Aufsätze, hrsg. von Gertrud Kantorowicz, München, S.147-210.

_____(1923c): Zur Philosophie des Schauspielers, in: Fragmente und Aufsätze, München, S.231-265.

_____(1953): Rembrandtstudien, Tübingen

_____(1957a): Die Großstädte und das Geistesleben, in: Brücke und Tür. Essays des Philosophen zur Geschichte, Religion, Kunst und Gesellschaft, hrsg. von Michael Landmann, Stuttgart, S.227-242.

_____(1957b): Der Schauspieler und die Wirklichkeit, in: Brücke und Tür. Essays des Philosophen zur Geschichte, Religion, Kunst und Gesellschaft. Frankfurt a. M., hrsg. von Michael Landmann, Stuttgart, S.168-177.

_____(1957c): Wandel der Kulturform, in: Brücke und Tür. Essays des Philosophen zur Geschichte, Religion, Kunst und Gesellschaft, hrsg. von Michael Landmann, Stuttgart, S.98-104.

_____(1957d) (초판 1908): Vom Wesen der Kultur, in: Brücke und Tür. Essays des Philosophen zur Geschichte, Religion, Kunst und Gesellschaft. Im Verein mit Margarete Susman, hrsg. von Michael Landmann, Stuttgart, S.86-94.

_____(1957e): Die Zukunft unserer Kultur, in: Brücke und Tür. Essays des Philosophen zur Geschichte, Religion, Kunst und Gesellschaft, hrsg. von Michael Landmann, Stuttgart, S.95-97.

_____(1958): Anfang einer unvollendeten Selbstdarstellung, in: Buch des Dankes an Georg Simmel, hrsg. von K. Gassen und M. Landmann, Berlin, S.9-11.

_____(1970): Grundfragen der Soziologie, 3. Aufl., Berlin

_____(1983a) (초판 1923): Der Begriff und die Tragödie der Kultur, in: ders., Philosophische Kultur. Über das Abenteuer, die Geschlechter und die Krise der Moderne. Gesammelte Essais, (초판 1923), Berlin

_____(1983b) (초판 1911): Weibliche Kultur, in: ders., Philosophische Kultur. Über das Abenteuer, die Geschlechter und die Krise der Moderne. Gesammelte Essais, Berlin, S. 207-240

_____(1983c) (초판 1918): Der Konflikt der modernen Kultur, in: ders., Das individuelle Gesetz, hrsg, von M. Landmann, Frankfurt a. M., S.148-173.

_____(1987a) (초판 1894): Das Problem der Soziologie, in: ders., Das individuelle Gesetz. Philosophische Exkurse, hrsg. von M. Landmann, Frankfurt a. M., S.41-49.

_____(1987b) (초판 1918): Das individuelle Gesetz, in: ders., Das individuelle Gesetz. Philosophische Exkurse, hrsg. von M. Landmann, Frankfurt a. M., S.174-230.

_____(1989b): Über sociale Differenzierung, in: Georg Simmel. Aufsätze 1887 bis 1890. Über sociale Differenzierung. Die Problem der Geschichtsphilosophie, hrsg. von H. J. Dahme, Gesamtausgabe Band 2, Frankfurt a. M.

_____(1990): Schopenhauer und Nietzsche. Tendenzen im deutschen Leben und Denken 1870, Hamburg

_____(1991) (초판 1907): Philosophie des Geldes, Frankfurt a. M.

_____(1992a) (초판 1908): Der Streit, in: ders., Soziologie. Untersuchung über die Formen der Vergesellschaftung, Gesamtausgabe Band 2, Frankfurt a. M., S.284-382.

_____(1992b) (초판 1908): Soziologie. Untersuchungen über die Formen der Vergesellschaftung, Gesamtausgabe Band 2, Frankfurt a. M.

_____(1992c) (초판 1895): Über eine Beziehung der Selectionslehre zur Erkenntnistheorie, Gesamtausgabe Band 5, Frankfurt a. M., S.62-74, aus: Archiv für systematische Philosophie, hrsg. von Paul Natrop, I. Bd., 1895, S.34-45.

_____(1992d) (초판 1896): Was ist uns Kant?, Gesamtausgabe Band 5, Frankfurt a. M., S.145-177, aus: Vossische Zeitung (=Berlin), Sonntagsbeilagen Nr.31-33 vom 2.8., 9.8. u. 16.8.1896

_____(1992e) (초판 1896): Das Geld in der modernen Cultur, Gesamtausgabe Band 5, Frankfurt a. M., S.178-196, aus: Zeitschrift des oberschlesischen Berg-und Hüttenmnnischen Vereins, 35/1896, S.319-324.

Simmel, Georg/Tönnies, Ferdinand/Weber, Max/Sombart, Werner(1969): Verhandlungen des Ersten Deutschen Soziologentages vom 19-22. Okt. 1910 in Frankfurt a. M.

2. 짐멜의 저서 및 논문 이외의 짐멜에 관한 참고문헌

Baensch, Otto(1922/23): Ueber Freiheit. Bruchstücke aus dem Nachlaß von Georg Simmel, in: Logos. Internationale Zeitschrift für Philosophie der Kultur, Bd. XI, hrsg. von Richard Kroner und Georg Mehlis, S.1-30, Tübingen

Bauer, Isadora(1962): Die Tragik in der Existenz des modernen Menschen bei Georg Simmel, Berlin

Becher, Heribert J.(1971): Georg Simmel. Die Grundlagen seiner Soziologie, Stuttgart

_____(1984): Georg Simmel in Strassburg, in: Sociologia Internationalis, 22, 1, S.3-17.

Becker, Howard(1959): On Simmel's Philosophy of Money, in: Georg Simmel, 1858~1918, hrsg. von Kurt H. Wolf, 1959, S.216-232.

Bevers, Antonius M.(1985): Dynamik der Formen bei Georg Simmel. Eine Studie über die Methode und theoretische Einheit eines

Gesamtwerkes, Berlin

Bollnow, Otto – Freidrich(1958): Die Lebensphilosophie, Berlin/Göttingen/ Heidelberg

Boudon, Raymond/Bourricaud, Franois (Hg.)(1992), Soziologische Stichworte, Opladen

Bühl, Walter L. (Hg.)(1972): Verstehende Soziologie. Grundzüge und Entwicklungstendenzen, München

Coser, L. A.(1965): Theorie sozialer Konflikte(The functions of social conflict), Neuwied am Rhein und Berlin

Dahme, Heinz – Jürgen(1981): Soziologie als exakte Wissenschaft. Georg Simmels Ansatz und seine Bedeutung in der gegenwärtigen Soziologie. Teil 1: Simmel im Urteil der Soziologie. Teil 2: Simmels Soziologie im Grundriß, Stuttgart

Dahme, Heinz – Jürgen/Rammstedt, Otthein(1984): Die zeitlose Modernität der soziologischen Klassiker. Überlegungen zur Theoriekonstruktion von Emile Durkheim, Ferdinand Tönnies, Max Weber und besonders Georg Simmel, in: Georg Simmel und Moderne, hrsg. von Heinz – Jürgen Dahme/Otthein Rammstedt, Frankfurt a. M., S.449 – 478.

Dahme, Heinz – Jürgen/Rammstedt, Otthein (Hg.)(1984): Georg Simmel und Moderne, Frankfurt a. M.

Dörr, Felicitas(1993): Die Kunst als Gegenstand der Kulturanalyse im Werk Georg Simmels, Berlin

Fellmann, Ferdinand(1993): Lebensphilosophie, Reinbek bei Hamburg

Flotow, Paschen von(1992): Georg Simmels Philosophie des Geldes als ökonomisches Werk, Bamberg

Freyer, Hans(1964): Soziologie als Wirklichkeitswissenschaft. Logische Grundlegung des Systems der Soziologie, 2. Aufl. (1. Aufl. 1930 Berlin), Darmstadt

Frisby, David P.(1984a): Georg Simmels Theorie der Moderne, in: Georg Simmel und Moderne, hrsg. von Heinz-Jürgen Dahme/Otthein Rammstedt, Frankfurt a. M., S.9-79.

_____(1984b): Georg Simmel, London-New York

_____(1988): Soziologie und Moderne. Ferdinad Tönnies, Georg Simmel und Max Weber, in: Simmel und die frühen Soziologen. Nähe und Distanz zu Durkheim, Tönnies und Max Weber, hrsg. von Otthein Rammstedt, Frankfurt a. M., S.196-221.

Friedlein, Curt(1980): Geschichte der Philosophie, Berlin

Habermas, Jürgen(1983): Simmel als Zeitdiagnostiker, in: Georg Simmel, Philosophische Kultur. Über das Abenteuer, die Geschlechter und die Krise der Moderne. Gesammelte Essais, Berlin, S.243-253.

Helle, Horst-Jürgen(1988): Soziologie und Erkenntnistheorie bei Georg Simmel, Darmstadt

Hillmann, Karl-Heinz(1982), Wörterbuch der Soziologie, 3. Aufl., Stuttgart

Jung, Werner(1990a): Georg Simmel zur Einführung, Hamburg

_____(1990b): Vom Wesen der Moderne, Hamburg

Kantorowicz, Gertrud(1923): Vorwort des Herausgebers, in: Georg Simmel, Fragmente und Aufsätze, München

Kauffmann, Manfred(1990): Struktur und Dynamik sozialer Prozesse. Mikrosoziologische Aspekte der Kulturentwicklung bei Georg Simmel, München

Kiss, Gabor(1977): Einführung in die soziologischen Theorien II, 3. Aufl., Opladen

Kracauer, Siegfried(1920/21): Georg Simmel, in: Logos. Internationale Zeitschrift für Philosophie der Kultur, Bd. IX, hrsg. von Richard Kroner und Georg Mehlis, Tbingen, S.307-338.

Landmann, Michael(1951/52): Konflikt und Tragödie, in: Zeitschrift für philosophische Forschung, 6, S.115-133.

_____(1957): Einleitung des Herausgebers, in: ders., Georg Simmel. Brücke und Tür. Essays des Philosophen zur Geschichte, Religion, Kunst und Gesellschaft. Im Verein mit Margarete Susman, Stuttgart, S.Ⅴ-ⅩⅩⅢ

_____(1976): Georg Simmel: Konturen seines Denkens, in: Ästhetik und Soziologie um Jahrhundertwende: Georg Simmel, hrsg. von H. Böhringer und K. Gründer, Frankfurt a. M., S.3-11.

_____(1987): Einleitung des Herausgebers, in: ders., Georg Simmel. Das individuelle Gesetz, Frankfurt a. M., S.7-29.

Landmann, Michael (Hg.)(1957): Georg Simmel. Brücke und Tür. Essays des Philosophen zur Geschichte, Religion, Kunst und Gesellschaft. Im Verein mit Margarete Susman, Stuttgart

Landmann, Michael/Gassen, Kurt(1958): Buch des Dankes an Georg Simmel. Briefe Erinnerungen, Bibliographie zu seinem 100 Geburtstag am 1. Mrz, Berlin

Levine, Donald N.(1959): The Structure of Simmel's Social Thought, in: Georg Simmel, 1858-1918, hrsg. von Kurt H. Wolf, S.9-32.

_____(1984): Ambivalente Begegnungen. Negationen Simmels durch Durkheim, Weber, Lukács, Park und Parsons, in: Georg Simmel und Moderne, hrsg. von Heinz-Jürgen Dahme/Otthein Rammstedt, Frankfurt a. M., S.318-387.

Lichtblau, Klaus(1984): Das Pathos der Distanz. Prliminarien zur Nietzsche-Rezeption bei Georg Simmel, in: Georg Simmel und Moderne, hrsg. von Heinz-Jürgen Dahme/Otthein Rammstedt, Frankfurt a. M., S.231-281.

_____(1986): Die Seele und das Geld. Kulturtheoretische Implikationen in G. Simmels Philosophie des Geldes, in: Kölner

Zeitschrift für Soziologie und Sozialpsychologie, supplement 27, S.57-74.

Lieber, Hans-Joachim(1974): Kulturkritik und Lebensphilosophie. Studien zur deutschen Philosophie der Jahrhundertwende, Darmstadt

Lieber, Hans-Joachim und Furth, Peter(1958): Dialektik der Simmelschen Konzeption einer formalen Soziologie, in: Buch des Dankes an Georg Simmel. Briefe, Erinnerungen, Bibliographie zu seinem 100 Geburtstag am 1. März, hrsg. von Michael Landmann und Kurt Gassen, Berlin, S.39-59.

Lipman, Matthew(1959): Some Aspects of Simmel's Conception of the Individual, in: Georg Simmel, 1858-1918, hrsg. von Kurt H. Wolf, Columbus, S.119-138.

Lipp, Wolfgang(1979a): Kulturtypen, Kulturelle Symbole, Handlungswelt. Zur Plurivalenz von Kultur, in: Kultursoziologie, hrsg. von W. Lipp und F. H. Tenbruck, Schwerpunktheft 3 der Kölner Zeitschrift für Soziologie und Sozialpsychologie(31), Opladen, S.450-484.

_____(1979b): Gesellschaft als Kultur, in: Mackensen, R und F. Sagebiel(Hrsg.), Soziologische Analysen-Referate aus den Veranstaltungen der Sektionen der Deutschen Gesellschaft für Soziologie und den Ad-hoc-Gruppen beim 19. Deutschen Soziologentag(Berlin, 17 - 20. April 1979), TU Berlin, Kongresse und Tagungen 1, Berlin, S.905-912.

_____(1984): Kultur, dramatologisch, in: sterreichische Zeitschrift für Soziologie, 9, 1-2, S. 8-25

_____(1989a): Was heißt eigentlich Kultur - und wozu ist sie gut?. Dimensionen und Funktionen von Kultur, in: Kulturpolitik, Kohlhammer Taschenbücher Bd. 1086, Stuttgart-Berlin-Köln, S.9-24, Stuttgart-Berlin-Köln

_____(1989b): Kultursoziologie, in: Wörterbuch der Soziologie, hrsg. von G. Endruweit und G. Trommsdorf, Bd. 2, Stuttgart, S.373－379.

_____(1994): Drama Kultur, Duncker & Humblot, Berlin

Lipp, Wolfgang/Tenbruck, Friedrich H.(1979): Zum Neubeginn der Kultursoziologie, in: Kultursoziologie, hrsg. von W. Lipp und F. H. Tenbruck, Schwerpunktheft 3 der Kölner Zeitschrift für Soziologie und Sozialpsychologie(31), Opladen, S.393－398.

Lohmann, Georg(1985): Die zögernde Begrüßung der Moderne. Zu Georg Simmels Diagnose moderner Lebensstile, in: Soziologie und gesellschaftliche Entwicklung. Verhandlungen des 22. Deutschen Soziologentag in Dortmund 1984. hrsg. von Burkart Lutz, Frankfurt a. M./New York, S.543－548.

Menzer, Ursula(1992): Subjektive und objektive Kultur. Georg Simmels Philosophie der Geschlechter vor dem Hintergrund seines Kultur－Begriffs, Pfaffenweiler

Mittelstraß, Jürgen (Hg.)(1984): Enzyklopädie Philosophie und Wissenschaftstheorie, Mannheim, S.508.

Müller, Horst(1960): Lebensphilosophie und Religion bei Georg Simmel, Berlin

Nedelmann, Birgitta(1980): Strukturprinzipien der soziologischen Denkweise G. Simmels, in: Kölner Zeitschrift für Soziologie und Sozialpsychologie, 32, 3, Aug., S.559－573.

_____(1988): Psychologismus oder Soziologie der Emotionen? Max Webers Kritik an der Soziologie Georg Simmels, in: Simmel und die frühe Soziologen. Nähe und Distanz zu Durkheim, Tönnies und Max Weber, hrsg. von Otthein Rammstedt, Frankfurt a. M., S.11－35.

Oelkers, Jürgen/Schulz, Wolfgang K./Tenorth, Heinz－Elmar (Hg.)(1989): Neukantianismus. Kulturtheorie, Pdagogik und Philosophie, Weinheim

Pankoke, E und Thurn, H. P.(1992): Kultur, in: Soziologie-Lexikon, hrsg. von Gerd Reinhold, München

Parsons, Talcott/Shils, Edward/Naegele, Kaspar D./Pitts, Jesse R. (Hg.), Jesse R.(1965): Theories of Society, New York

Pieper, Josef(1931): Wirklichkeitswissenschaftliche Soziologie. Kritische Randbemerkungen zu Hans Freyer Soziologie als Wirklichkeitswissenschaft, in: Archiv für Sozialwissenschaft und Sozialpolitik, Band 66, Tübingen, S.394-407.

Pohlmann, Friedrich(1987): Individualität, Geld und Rationalität. Georg Simmel zwischen Karl Marx und Max Weber, Stuttgart

Rammstedt, Otthein (Hg.)(1988): Simmel und die frühen Soziologen. Nähe und Distanz zu Durkheim, Tönnies und M. Weber, Frankfurt a. M.

Rickert, Heinrich(1915) (초판 1899): Kulturwissenschaft und Natur wissenschaft, 3. Aufl., Tübingen

Sandkühler, Hans Jörg(1990): Erkenntnis/Erkenntnistheorie, in: Europische Enzyklopädie zu Philosophie und Wissenschaft. Bd. I, Hamburg

Schnabel, Peter-Ernst(1974): Die soziologische Gesamtkonzeption Georg Simmels, Stuttgart

_____(1976): Georg Simmel, in: Klassiker des soziologischen Denkens, Band 1, hrsg. von Dirk Ksler, München, S.267-311.

Schlein, Johann-August(1989): Funktion und Srtukturwandel subjekt theoretischer Konzepte in der Mikrosoziologie. Von Simmel zu Goffman, in: österreichische Zeitschrift für Soziologie, 14, 3, S.64-78.

Sils, D.-L. (Hg.)(1968a): Conflict(Konflikt), in: International Encyclopedia of the Social Science, Volume 3, S.232-236.

_____(1968b): Georg Simmel, in: International Encyclopedia of the Social Science, Volume 14, S.251-258.

_____(1968c): Culture, in: International Encyclopedia of the

Social Science, Volume 3, S.526-558.

Simmel, Hans(1976): Auszüge aus den Lebenserinnerungen, in: Ästhetik und Soziologie um Jahrhundertwende: Georg Simmel, hrsg. von H. Böhringer und K. Gründer, Frankfurt a. M., S.247-268.

Sorokin, Pitirim Alexandrowitsch(1928), Contemporary Sociological Theories, New York/London

Spykman, Nicholas J.(1992): The social Theory of Georg Simmel, Brookfield

Susman, Margarete(1958): Erinnerungen an Simmel von Margarete Susman, in: Buch des Dankes an Georg Simmel, hrsg. von K. Gassen und M. Landmann, Berlin, S.279-291.

_____(1959): Die geistige Gestalt Georg Simmels, Tübingen

Taewon, Kim(1999): G. Simmel, G. H. Mead und der Symbolische Interaktionismus Geistesgeschichtliche Zusammenhänge, soziologische Systematik -, Würzburg.

Tenbruck, Friedrich H.(1958): Georg Simmel, in: Kölner Zeitschrift für Soziologie und Sozialpsychologie, Jg. 10, S.587-614.

_____(1959): Formal Sociology, in: Georg Simmel, 1858~1918, hrsg. von Kurt H. Wolf, S.61-99.

_____(1989a): Zur europischen Diskussion über Wissenschaft und Weltanschauung, in: Neukantianismus. Kulturtheorie, Pädagogik und Philosophie, hrsg. von J. Oelkers/W. K. Schulz/H. E. Tenorth, Weinheim, S.79-106.

_____(1989b): Die kulturellen Grundlagen der Gesellschaft. Der Fall der Moderne, Opladen

Weber, Alfred(1912): Der soziologische Kulturbegriff, in: Verhandlungen des Zweiten Deutschen Soziologentages vom 20-22. Okt. 1912 in Berlin, S.1-20.

_____(1920/1921): Prinzipielles zur Kultursoziologie(Gesellschaf - tsprozeß, Zivilisationsprozeß und Kulturbewegung.), in:

Archiv für Sozialwissenschaft und Sozialpolitik, Band 47, Tübingen, S.1–49.

_____(1951): Prinzipien der Geschichts–und Kultursoziologie, München

Weber, Max(1988) (초판 1904): Die Objektivität sozialwissenschaftlicher und sozialpolitischer Erkenntnis, in: Gesammelte Aufsätze zur Wissenschaftslehre, hrsg. von J. Winckelmann, 7. Aufl., Tbingen, S.146–214.

Weingartner, Rudolph H.(1959): Form and Content in Simmel's Philosophy of Life, in: Georg Simmel, 1858~1918, hrsg. von Kurt H. Wolf, S.33–60.

Wiese, Leopold von(1931): Beziehungssoziologie, in: Handwörterbuch der Soziologie, hrsg. von A. Vierkandt, Stuttgart, S.66–81.

_____(1955): System der allgemeinen Soziologie, 3. Aufl., Berlin

3. 짐멜의 저서 및 논문목록

□ 전체문헌277)

1881

- Das Wesen der Materie nach Kants physischer Monadologie
  (Dissertation)

1887

- Über die Grundlage des Pessimismus in methodischer Hinsicht, aus:
  Zeitschrift für Philosophie und philosophische Kritik. Im Verein
  mit mehreren Gelehrten gegründet von Dr. I. H. Fichte und Dr.
  H. Ulrici, redigirt von Dr. Aug. Krohn und Dr. Rich. Falckenberg,
  90. Bd. 1887, S.237 – 247, Halle – Saale(2. Aufl., 1905, 3. Aufl., 1910)

1888

- Bemerkungen zu socialethischen Problemen, aus: Vierteljahrsschrift
  für Wissenschaftliche Philosophie, unter Mitwirkung von M.
  Heinze und W.Wundt hrsg. von Avenarius, 12. Jg., 1888, S.32 –
  49, Leipzig

1889

- Michelangelo als Dichter, aus: Vossische Zeitung vom 8.9.1889,
  Sonntagsbeilage Nr. 36, Berlin
- Zur Psychologie des Geldes, aus: Jahrbuch fur Gesetzgebung,
  Verwaltung und Volkswirtschaft im Deutschen Reich (=Des
  Jahrbuch für Gesetzgebung, Verwaltung und Rechtspflege des

---

277) 이 목록은 짐멜의 여러 저서나 짐멜 연구서에 기인하여 연도순으로 정
     리한 것임을 밝혀둔다. 표기는 짐멜 당시의 독일어 그대로 하여 현대
     독일어 표기와 좀 다른 점도 있음을 미리 밝힌다.

Deutschen Reiches Neue Folge), herausgegeben von Gustav
Schmoller, 13. Jg., 3. Heft., S.1251 – 1264.

1890

- Moltke als Stilist, aus: Berliner Tageblatt vom 26. 10. 1890, Nr.
543a
- Rembrandt als Erzieher, aus: Vossische Zeitung, 1. Juni 1890, S.7 – 10.
- Über sociale Differenzierung. Sociologische und psychologische
Untersuchung. Leipzig 1890, Duncker und Humblot, VII, 147 S.
(=Staats – und socialwissenchaftliche Forschungen. Herausgegeben
von Gustav Schmoller. 10. Bd., I. H.., der ganzen Reihe 42. H)
- Zur Psychologie der Frauen, aus: Zeitschrift für Völkerpsychologie
und Sprachwissenschaft. Herausgegeben von Prof. Dr. Lazarus
und Prof. Dr. H. Steinthal unter Mitwirkung von Dr. Ulrich
Jahn, 20. Bd. 1890, S.6 – 46, Leipzig

1892

- Die Probleme der Geschichtsphilosophie. Eine erkenntnistheoretische
Studie, Leipzig 1892, Duncker und Humblot, X, 109 S.(2. Aufl.,
1905, 3. Aufl., 1907, 4. Aufl., 1922 München und Leipzig, 5.
Aufl., 1923)
- Die Probleme der Geschichtsphilosophie. Eine erkenntnistheoretische
Studie. (Selbstanzeige), in: Vierteljahrsschrift für Wissenschaftliche
Philosophie, unter Mitwirkung v. M. Heinze und Alois Riehl
hrsg. v. Rich Avenarius, 16. Jg., 1892, S.371 – 372, Leipzig

1892 ~ 1893

- Einleitung in die Moralwissenschaft. Eine Kritik der ethischen
Grundbegriffe. Berlin: Hertz(Besser), Bd. I, 1892 467 S.; Bd. II,
1893 526 S.(2. Aufl., Stuttgart und Berlin: Cotta'sche
Buchhandlung 1904, 3. Aufl. 1911), Einleitung in die
Moralwissenschaft. Eine Kritik der ethischen Grundbegriffe. Bd.

I, 461 S.: Bd. II 427S. Bd. 3 und Bd. 4 in Gesamtausgabe, hrsg.
v. Klaus Christian Köhnke, 1. Aufl., 1989 Frankfurt am Main:
Suhrkamp)
- Gerhardt Hauptmanns "Weber", aus: Sozialpolitisches Zentralblatt 2,
  1892/93, S.283f.

1894

- Das Problem der Sociologie, aus: Jahrbuch für Gesetzgebung,
  Verwaltung und Volkswirtschaft im Deutschen Reich(=Des
  Jahrbuch für Gesetzgebung, Verwaltung und Rechtspflege des
  Deutschen Reiches Neue Folge), herausgegeben von Gustav
  Schmoller, 18. Jg., 4. Heft., 1894, S.1301-1307.
- Die Militarismus und die Stellung der Frauen, aus: Vossische
  Zeitung(=Berlin), Sonntagsbeilagen Nr.42-43 vom 21. u. 28. 10.
  1894
- Die Verwandtenehe, aus: Vossische Zeitung(=Berlin), Sonntagsbeilagen
  Nr.22-23 vom 3. u. 10. 6. 1894

1895

- Alpenreisen, aus: Die Zeit. Wiener Wochenschrift für Politik,
  Volkswirtschaft, Wissenschaft und Kunst, herausgegeben von
  Isidor Singer, Hermann Bahr, Heinrich Kanner u. a., 4. Bd.,
  1895, S.23-24(vom 13. 7)
- Böcklins Landschaften, aus: Die Zukunft, Herausgeber: Maximilian
  Harden, 12. Bd., 1895, S.272-277(Nr. 47 vom 10. 8)
- Über eine Beziehung der Selectionslehre zur Erkenntnistheorie, aus:
  Archive für systematische Philosophie, herausgegeben von Paul
  Natrop, I. Bd., 1895, S.34-45.
- Zur Soziologie der Familie, aus: Vossische Zeitung(=Berlin),
  Sonntagsbeilagen Nr.26-27 vom 30. 6. u. 7. 7. 1895
- Zur Psychologie der Mode. Sociologische Studie, aus: Die Zeit, Wiener

Wochenschrift für Politik, Volkswirtschaft, Wissenschaft und Kunst, herausgegeben von Isidor Singer, Hermann Bahr, Heinrich Kanner u. a., 5. Bd., 1895, S.22－24(Nr. 54 vom 12. 10)

1896

- Berliner Gewerbe－Ausstellung, aus: Die Zeit, Wien, 25. Juli 1896, S.59f.
- Das Geld in der modernen Cultur(Vortrag, gehalten in der Gesellschaft sterreichischer Volkswirthe, mitgetheilt nach der Neuen Freien Presse, Wien), aus: Zeitschrift des Oberschlesischen Berg－und Hüttenmännischen Vereins, 35/1896, S.319－324.
- Fridrich Nietzsche. Eine moralphilosophische Silhouette, aus: Zeitschrift für Philosophie und philosophische Kritik(vormals Fichte－Ulricische Zeitschrift), im Verein mit Dr. H. Siebeck u. Dr. J. Volkelt herausgegeben und redigiert von Dr. Richard Falckenberg. Neue Folge, 107. Bd., 2. Heft, 1896, S.202－215.
- Skizze einer Willenstheorie,aus: Zeitschrift für Psychologie und Physiologie der Sinnesorgane, in Gemeinschaft mit S. Exner, E. Hering, J. v. Kries, Th. Lipps, G. E. Mller, C. Pelman, W. Preyer, C. Stumpf, herausgegeben von Herm. Ebbinghaus und Arthur Knig, 9. Bd., 1896, S.206－220.
- Soziologische Ästhetik, aus: Die Zukunft, Herausgeber: Maximilian Harden, 17. Bd., 1896, S.204－216(＝Nr. 5 vom 31. 10)
- Was ist uns Kant?, aus: Vossische Zeitung(＝Berlin), Sonntagsbeilagen Nr.31－33 vom 2. 8., 9. 8. u. 16. 8. 1896

1897

- Die Bedeutung des Geldes für das Tempo des Lebens, aus: Neue Deutsche Rundschau(Freie Bühne), 8. Jg., Erstes und zweites Quartal(＝ I. Bd.), 1897, S.111－122(＝Februar).
- Über den Unterschied der Wahrnehmungs－und der Erfahrungsurteile. Ein Deutungsversuch, aus: Kant－Studien. Philosophische Zeitschrift.

Unter Mitwirkung von E. Adickes, E. Boutroux, Edw. Caird, C. Cantoni, J. E. Creighton, W. Dilthey, E. Erdmann, K. Fischer, M, Heinze, R. Reicke, A. Riehl, W. Windelband und anderen Fachgenossen, herausgegeben von Dr. Hans Vaihinger, I. Bd., 1897, S.416-425.

1898

- Die Rolle des Geldes in den Beziehungen der Geschlechter. Fragment aus einer "Philosophie des Geldes", aus: Die Zeit. Wiener Wochenschrift für Politik, Volkswirtschaft, Wissenschaft und Kunst, herausgegeben von Isidor Singer, Hermann Bahr, Heinrich Kanner u. a., 14. Bd., 1897, S.38-40, 53-54, 69-71(Nr.172-174 vom 15. 1., 22. 1. u. 29. 1)

- Die Selbsthaltung der socialen Gruppe. Sociologische Studie, aus: Jahrbuch für Gesetzgebung, Verwaltung und Volkswirtschaft im Deutschen Reich(=Des Jahrbuch für Gesetzgebung, Verwaltung und Rechtspflege des Deutschen Reiches Neue Folge), herausgegeben von Gustav Schmoller, 22. Jg., 1898, 2. Heft, S.589-640.

- Fragment aus einer "Philosophie des Geldes"(Aus dem Kapital: Das Geld und die individuelle Freiheit), aus: Zeitschrift für immanente Philosophie, begründet von M.R. Kauffmann, fortgeführt von Wilhelm Schuppe in Greifswald, 3. Bd., Heft 4, 1898, S.395-428.

- Rom. Eine ästhetische Analyse, aus: Die Zeit. Wiener Wochenschrift für Politik, Volkswirtschaft, Wissenschaft und Kunst, herausgegeben von Isidor Singer, Hermann Bahr, Heinrich Kanner u. a., 15. Bd., 1898, S.137-139(Nr. 191 vom 28.5.)

- Stefan George. Eine kunstphilosophische Betrachtung, aus Die Zukunft, Herausgeber: Maximilian Harden, 22. Bd., 1898, S.386 -396(= Nr. 22 vom 26. 2)

- Zur Soziologie der Religion, aus: Neue Deutsche Rundschau(Freie

Bühne), 9. Jg., Erstes und zweites Quartal(= I. Bd.), 1898,
S.111-123(Heft 2 vom Februar)

1899

- Fragment aus einer "Philosophie des Geldes", aus: Jahrbuch für
  Gesetzgebung, Verwaltung und Volkswirtschaft im Deutschen
  Reich(=Des Jahrbuch für Gesetzgebung, Verwaltung und
  Rechtspflege des Deutschen Reiches Neue Folge), herausgegeben
  von Gustav Schmoller, 23. Jg., 3. Heft, 1898, S.813-854.

- Kant und Goethe, aus: Allgemeine Zeitung(=München), Beilagen
  Nr. 125, S.1-5, Nr. 126, S.3-6 u. Nr. 127, S.4-7 vom 3., 5. u.
  6. 6. 1899

- Über Geiz, Verschwendung und Armut, aus: Ethische Kultur.
  Wochenschrift für sozial-ethische Reformen. Begründet von
  Georg von Gizycki, unter Mitwirkung von Dr. F. W. Foerster
  herausgegeben von Dr. R. Penzig und Dr. M. Kronenberg, 7. Jg.,
  1899, S.332-335, 340-341(= Nr.42-43 vom 21. u. 28. 10)

- Zur Philosophie der Arbeit, aus: Neue Deutsche Rundschau(Freie
  Bühne), 10. Jg., Erstes und zweites Quartal(=I. Bd.), 1899,
  S.449-463(=Heft 5 vom Mai)

- Zur Psychologie und Soziologie der Lüge, aus: Ethische Kultur.
  Wochenschrift für sozial-ethische Reformen. Begründet von
  Georg von Gizycki, unter Mitwirkung von Dr. F. W. Foerster
  herausgegeben von Dr. R. Penzig und Dr. M. Kronenberg, 7. Jg.,
  1899, S. 26-28, 36-38(=Nr. 4-5 vom 28. 1. u. 4. 2)

1900

- Persönliche und sachliche Kultur, aus: Neue Deutsche Rundschau
  (Freie Bühne), 11. Jg., Drittes und viertes Quartal(=2. Bd.),
  1900, S. 700-712(Heft 7 vom Juli)

- Philosophie des Geldes, Duncker und Humblot, 1900 Leipzig, 554

S.(2. Aufl., 1907, 3. Aufl., 1920, 4. Aufl., 1922 München und Leipzig; 5. Aufl., 1930 München; 6. Aufl., Berlin, 1958), Philosophie des Geldes, Bd. 6 in Gesamtausgabe hrsg. v. David P. Frisby und Klaus Christian Köhnke, 1. Aufl., 1989 Frankfurt am Main: Suhrkamp(2. Aufl. 1991)

- Socialismus und Pessimismus, aus: Die Zeit. Wiener Wochenschrift für Politik, Volkswirtschaft, Wissenschaft und Kunst, herausgegeben von Isidor Singer, Hermann Bahr, Heinrich Kanner u. a., 22. Bd., 1900, S.70−71(=Nr. 279 vom 3. 2.)

- Zu einer Theorie des Pessimismus, aus: Die Zeit. Wiener Wochenschrift für Politik, Volkswirtschaft, Wissenschaft und Kunst, herausgegeben von Isidor Singer, Hermann Bahr, Heinrich Kanner u. a., 22. Bd., 1900, S.38−40(=Nr. 277 vom 20. 1)

1901

- Die ästhetische Bedeutung des Geschichts, aus: Der Loste I, 1901

- Stefan Georg. Eine kunstphilosophische Studie, in: Georg Simmel, Zur philosophie der Kunst, Potsdam 1922, S.29−45.

1902

- Beiträge zur Erkenntnistheorie der Religion, aus: Zeitschrift für Philosophie und philosophische Kritik, 119, 1902

- Der Bildrahmen. Ein ästhetischer Versuch, in: Georg Simmel, Zur philosophie der Kunst, Potsdam 1922, S.46−54.

- Rodins Plastik und die Geistesrichtung der Gegewart, aus: Berliner Tageblatt, 29. September 1902

1903

- Die Großstädte und das Geistesleben, aus: Jahrbuch der Gehestiftung IX, 1903.

1904

- Kant, Sechzehn Vorlesungen gehalten an der Berliner Universität,

Duncker und Humblot, 1904 Leipzig, 181 S.(2. Aufl., 1905, 3. erweit. Aufl., 1913 München und Leipzig; 4. Aufl., 1918, 5. Aufl., 1921, 6. Aufl., 1924)

- Über Geschichte der Philosophie(aus einer einleitenden Vorlesung), aus: Die Zeit XXXIX 504, 1904

1905

- Ästhetik und Porträts, aus: Neue Freie Presse, 22. April 1905

- Philosophie der Mode. (Moderne Zeitfragen, Nr. 11), Pan‒Verlag, Berlin 1905, 41 S.(2. Aufl., 1905), auch Die Mode in: Die Mode des 18. Jahrhunderts, München 1971: Rogner & Bernhard, S.5‒32.

1906

- Die Religion.(Die Gesellschaft, Sammlung sozialpsychologischer Monographien, hrsg. von Martin Buber, Bd. II) Frankfurt am Main: Rütten und Loening, 1906. 79 S.(2. Aufl., und erweit. Aufl. 1912, 3. Aufl., 1923), auch in: Gesammelten Schriften zur Religionssoziologie, hrsg. von Horst Jürgen Helle, Duncker und Humblodt, Berlin 1989, S.110‒171.

- Florenz, aus: Der Tag, No. 111 vom 2. März 1906, Erster Teil: Illustrierte Zeitung, Berlin

- Kant und Goethe, aus: Die Zukunft, hrsg. von Maximilian Harden, No.57 vom 24. Dezember 1906, S.315‒319, Berlin

- Kant und Goethe.(Die Kultur Sammlung sozialpsychologischer Monographien, hrsg. von Cornelius Gurlitt, Bd. X), Berlin: Marquardt, 1906, 71 S..(2. Aufl., Kurt Wolff Verlag, 1907 Leipzig; 3. Aufl., unter dem Titel Kant und Goethe; zur Geschichte der modernen Weltanschauung, 1916, 4. Aufl., 1918, 5. Aufl., 1924 München und Leipzig)

- Nietzsche und Kant, aus: Frankfurter Zeitung und Handelsblatt(Neue Frankfurter Zeitung), 50. Jg., No.5 vom 6. Januar 1906, 1.

Morgenblatt, Feuilleton - Teil, S.1 - 2, Berlin
- Philosophie der Geschlechter. Fragmente, aus: Die Zeit, No.1265,
  Morgenblatt vom 3. April 1906, Feuilleton - Teil, S.1 - 3, Wien
- Psychologie der Diskretion, aus: Der Tag, No.445 vom 2. September
  1906, Erster Teil: Illustrierte Zeitung und No.447 vom 4.
  September 1906, Erster Teil: Illustrierte Zeitung Berlin
- Psychologie der Diskretion[Vortrag], aus: Zeitschrift für Pädagogische
  Psychologie, hrsg. von Ferdinand Kemsies und Leo Hirschlaff, 8.
  Jg., Heft(August 1906), S.274 - 277, Berlin
- Schopenhauers Aesthetik und die moderne Kunstauffassung, aus:
  Frankfurter Zeitung und Handelsblatt(Neue Frankfurter Zeitung)
  No.237, 1. Morgenblatt vom 28. August 1906, Feuilleton - Teil,
  S.1 - 3 und No.238, 1. Morgenblatt vom 29. August 1906,
  Feuilleton - Teil, S.1 - 2, Berlin
- Schopenhauer und Nietzsche, aus: Vossische Zeitung. Königlich
  priviligierte Berlinische Zeitung von Staats - und gelehrten Sachen,
  No.102, Morgenausgabe vom 2. März 1906, Feuilleton - Teil, Berlin
- Über die dritte Dimension in der Kunst, aus: Zeitschrift für Ästhetik
  und Allgemeine Kunstwissenschaft, hrsg. von Max Dessoir, I.
  Bd., 1. Heft(1. Quartal 1906), S.65 - 69.
- Zur Soziologie der Armut, aus: Archiv für Sozialwissenschaft und
  Sozialpolitik, hrsg. von Edgar Jaff, Werner Sombart und Max
  Weber, 22. Jg. (N. F. 4), 1. Heft(Januar), ausgegeben am 8.
  Februar 1906, S.1 - 30, Tübingen

1907

- Bemerkung über Goethe, aus: Der Morgen. Wochenschrift für
  deutsch Kultur, begründet und hrsg. von Werner Sombart
  zusammen mit Richard Strau, Georg Brandes und Richard
  Muther und Mitwirkung von Hugo Hofmannsthal, 1. Jg., No.13

vom 6. September 1907, S.393 – 395, Berlin

- Das Christentum und die Kunst, aus: Der Morgen. Wochenschrift für deutsch Kultur, begründet und hrsg. von Werner Sombart zusammen mit Richard Strau, Georg Brandes und Richard Muther und Mitwirkung von Hugo Hofmannsthal, 1. Jg., No.8 vom 2. August 1907, S.234 – 234, Berlin

- Das Erbamt, aus: Vossische Zeitung. Königlich priviligierte Berlinische Zeitung von Staats – und gelehrten Sachen, No.475, Morgenausgabe vom 10. Oktober 1907, Feuilleton – Teil, Berlin

- Das Geheimnis. Eine sozialpsychologische Skizze, aus: Der Tag, No. 626 vom 10. Dezember 1907, Erster: Illustrierte Zeitung, Berlin

- Dankbarkeit. Ein soziologischer Versuch, aus: Der Morgen. Wochenschrift für deutsch Kultur, begründet und hrsg. von Werner Sombart zusammen mit Richard Strau, Georg Brandes und Richard Muther und Mitwirkung von Hugo Hofmannsthal, 1. Jg., No.19 vom 18. Oktober 1907, S.593 – 598, Berlin

- Die Ruine. Ein ästhetischer Versuch, aus: Der Tag No.96 vom 22. Februar 1907, Erster Teil: Illustrierte Zeitung, Berlin

- Die Überstimmung. Eine soziologische Studie, aus: Vossische Zeitung. Königlich priviligierte Berlinische Zeitung von Staats – und gelehrten Sachen, No.91, Morgenausgabe vom 23. Februar 1907, Feuilleton – Teil, Berlin

- Schopenhauer und Nietzsche. Ein Vortragszyklus. Duncker und Humblot, 1907 Leipzig, 263 S.(2. Aufl., 1920 München und Leipzig), auch Sammlung Junius, 11, 1. Aufl., Junius Verlag, 1990 Hamburg

- Soziologie der Über – und Unterordnung, aus: Archiv für Sozialwissenschaft und Sozialpolitik, hrsg. von Edgar Jaff, Werner Sombart und Max Weber, 24. Jg. (N. F. 6), 3. Heft(Mai – Juni),

ausgegeben am 21 Mai 1907 S.477 – 546, Tübingen
- Soziologie der Sinne, aus: Die Neue Rundschau, 18. Jg., Heft,
  September 1907, (2. Teil des Jahresbandes) S.1025 – 1036, Berlin
- Venedig, aus: Der Kunstwart. Halbmonatsschau über Dichtung,
  Theater, Musik, bildende und angewandte Künste, hrsg. von
  Ferdinand Avenarius, 20 Jg., 2. Juniheft 1907, S.299 – 303, München
- Zur Philosophie der Herrschaft. Bruchstück aus einer Soziologie, aus:
  Jahrbuch für Gesetzgebung, Verwaltung und Volkswirtschaft im
  Deutschen Reich(=Des Jahrbuch für Gesetzgebung, Verwaltung
  und Rechtspflege des Deutschen Reiches Neue Folge), herausgegeben
  von Gustav Schmoller, 31. Jg., 2. Heft(April – Juni 1907), S.1 –
  33, Leipzig
- Zur Soziologie des Adels. Fragment aus einer Formenlehre der
  Gesellschaft, aus: Frankfurter Zeitung und Handelsblatt(Neue
  Frankfurter Zeitung), 52. Jg., No.358, 1. Morgenblatt vom 27.
  Dezember 1907, Feuilleton – Teil, S.1 – 3, Frankfurt

1908
- Das Problem des Stiles, aus: Dekorative Kunst. Illustrierte Zeitschrift
  für Angewandte Kunst, hrsg. von H. Bruckmann, 11. Jg., No.7
  (April 1908), Bd. 16, S.307 – 316, München
- Der Brief. Aus einer Soziologie des Geheimnisses, aus: österreichische
  Rundschau, hrsg. von Alfred Frhr. von Berger, Karl Glossy,
  Leopold Frhr. von Chlumecky und Felix Frhr. von Oppenheimer,
  15. Jg., Heft 5 vom 1. Juni 1908, S.334 – 336, Wien
- Der Mensch als Feind. Zwei Fragmente aus einer Soziologie, aus: Der
  Morgen. Wochenschrift für deutsch Kultur, begründet und hrsg.
  von Werner Sombart zusammen mit Richard Strau, Georg Brandes
  und Richard Muther und Mitwirkung von Hugo Hofmannsthal, 2.
  Jg., No. 2 vom 10. Januar 1908, S.55 – 60, Berlin

- Die Frau und die Mode, aus: Das Magazin, monatszeitschrift für Literatur, Musik, Kunst und Kultur, hrsg. von Herwarth Walden, 77. Jg., No.5(Februar 1908), S.82-83, Leipzig
- Die Gesellschaft zu zweien, aus: Der Tag, No.118 vom 5. März 1908, Erster Teil: Illustrierte Zeitung, Berlin
- Psychologie des Schmuckes, aus: Der Morgen. Wochenschrift für deutsch Kultur, begründet und hrsg. von Werner Sombart zusammen mit Richard Strau, Georg Brandes und Richard Muther und Mitwirkung von Hugo Hofmannsthal, 2. Jg., No.15 vom 10. April 1908, S.454-459, Berlin
- Soziologie. Untersuchung über die Formen der Vergesellschaftung, Duncker und Humblot, 1908 Leipzig, 782 S.(auch in: Bd. 2 in Gesamtausgabe, 1. Aufl., 1992 Frankfurt am Main
- Treue. Ein sozialpsychologische Versuch, aus: Der Tag, No.225 vom 10. Juni 1908, Erster Teil: Illustrierte Zeitung, Berlin
- Ueber das Wesen der Sozial-Psychologie, aus: Archiv für Sozialwissenschaft und Sozialpolitik, hrsg. von Edgar Jaff, Werner Sombart und Max Weber, 26. Jg., 2. Heft, ausgegeben am 25. März 1908, S.285-291, Tübingen
- Vom Realismus in der Kunst, aus: Der Morgen. Wochenschrift für deutsch Kultur, begründet und hrsg. von Werner Sombart zusammen mit Richard Strau, Georg Brandes und Richard Muther und Mitwirkung von Hugo Hofmannsthal, 2. Jg., No.31. vom Juli 1908, S.992-998, Berlin
- Vom Wesen der Kultur, aus: österreichische Rundschau, hrsg. von Alfred Frhr. von Berger, Karl Glossy, Leopold Frhr. von Chlumecky und Felix Frhr. von Oppenheimer, 15. Jg., Heft 1 vom 1. April 1908, S.36-42, Wien
- Über Goethes und Kants moralische Weltanschauung. Aus einem

Vorlesungszyklus, aus: Der Tag, No.287 vom 21. August 1908, Erster Teil: Illustrierte Zeitung, Berlin

– Zur Philosophie des Schauspielers, aus: Der Morgen. Wochenschrift für deutsch Kultur, begründet und hrsg. von Werner Sombart zusammen mit Richard Strau, Georg Brandes und Richard Muther und Mitwirkung von Hugo Hofmannsthal, 2. Jg., No.51/52 vom 18. Dezember 1908, S.1685~1689, Berlin

1909

– Beiträge zur Philosophie der Geschichte. in: Scientia(Rivista di Scienza), Vol. VI, anno III, Bologna 1909, N. X II −4

– Brücke und Tür, aus: Der Tag, 15. September 1909

– Der siebente Ring, in: Georg Simmel, Zur philosophie der Kunst, Potsdam 1922, S.74−78.

– Die Zukunft unserer Kultur(Antwort auf eine Rundfrage), aus: Frankfurter Zeitung, 1. Morgenblatt, 14. April 1909

– Religiöse Grundgedanken und moderne Wissenschaft(Antwort auf eine Rundfrage), aus: Nord und Sd XXXIII, 1909

1910

– Hauptprobleme der Philosophie. (Sammlung Göschen, Bd. 500.) Göschen, 1910 Leipzig, 175 S.(2. Aufl., 1911, 3. Aufl., 1913, 4. Aufl., Walter de Gruyter, 1917 Berlin und Leipzig; 5. Aufl., 1920, 6. Aufl., 1927, 7. Aufl., Berlin 1950)

– Soziologie der Mahlzeit, aus: Die Zeitgeist, Beiblatt zum Berliner Tageblatt, 19. Oktober 1910

– Zur Metaphysik des Todes, aus: Austug aus Logos I, 1910. Umgearbeitet in Tod und Unstreblichkeit, in: Lebensanschauung. Vgl. auch Der Tod, in: Rembrandt

1911

– Philosophische Kultur. Gesammelte Essays. (Philosophisch−soziologische

Bücherrei, Bd. XXVII.) Körner, 1911 Leipzig. 319 S.(2. erweit.
Aufl., 1919), Gustav Kiepenhauer Verlag, 1923 Potsdam; Verlag
Klaus Wagenbach, 1983 Berlin. Enthlt: Das Abenteuer / Die
Mode / Das Relative und das Absolute im Geschlechter –Problem
/ Die koketterie / Der Henkel / Die Ruine / Die Alpen /
Michelangelo / Rodin / Die Problem der religiösen Lage / Der
Begriff und Tragödie der kultur / Weibliche Kultur

1912

- Der Schauspieler und die Wirklichkeit, aus: Berliner Tageblatt, 7. jan.
  1912. Zum Teil eingegangen in Zur Philosophie des Schauspielers,
  in: Fragmente und Aufsätze. Vgl. auch: Über den Schauspieler(aus
  einer Philosophie der Kunst), in: Der Tag, 4. März 1909
- Vom Heil der Seele, aus. Das freie Wort II 17, 1902. Völlig
  verändert in: Die Religion, 2. Aufl., 1912, S.72–74.
- Über einige gegenwärtige Probleme der Philosophie, aus: Vossische
  Zeitung, 17. November 1912

1913

- Das individuelle Gesetz, in: Logos IV, 1913. Das gleichnamige
  Kapitel in Lebensanschauung ist dieser früheren Fassung
  gegenüber wesentlich erweitert.
- Das Individuum und die Freiheit, unveröffentlicht. Entstehungszeit
  nicht vor 1913, in: Brücke und Tür, 1957 Stuttgart
- Das Problem des Schicksals, aus: Die geisteswissenschaften, 29.
  Oktober 1913. Umgearbeitet in den Tod und Unstreblichkeit, in:
  Lebensanschauung
- Goethe. Verlag von Klinkhardt und Biermann, 1913 Leipzig, 364
  S.(4. Aufl., 1921; 5. Aufl., 1923)
- Philosophie der Landschaft, aus: Die Güldenkammer III, 1913.

1914

- Deutschlands innere Wandlung. Rede, gehalten in Straßburg, am 7. November 1914, Trübner, 1914 Straßburg, 14 S.
- Goethe und die Jugend, aus: Der rote Tag, 6. August 1914
- Henri Bergson, in: Georg Simmel, Zur Philosophie der Kunst, Potsdam 1922, S.126-145
- L'art pour l'art, in: Georg Simmel, Zur Philosophie der Kunst, Potsdam 1922, S.79-86

1915

- Aus einer Aphorismensammlung, aus: Der Kunstfreund II, 1915.

1916

- Bruchstücke aus einer Philosophie der Kunst, in: Festschrift für Vitalis Norström, Göteborg 1916.
- Das Problem der historischen Zeit.(Philosophische Vorträge veröffentlicht von der Kantgesellschaft, No.12), Reuther und Reichard, 1916 Berlin, 31 S.(Wiederabdruck in 1922, S.152-69, und im 1957, S.43-58)
- Wandel der Kulturform, aus: Berliner Tageblatt, 27. August 1916

1917

- Der Krieg und die geistigen Entscheidungen. Reden und Aufsätze, Duncker und Humblot, 1917 München und Leipzig, 72 S.(2. Aufl., 1920 Leipzig) Enthält: Deutschlands innere Wandlung / Die Dialektik des deutschen Geistes / Die krisis der Kultur / Die Idee Europa
- Erinnerung an Rodin, aus: Vossische Zeitung, 27. November 1917. Vgl. Rodins Plastik und die Geistesrichtung der Gegenwart, in: Der Zeitgeist, Beiblatt zum Berliner Tageblatt, 29. September 1902, und: Rodin, in: Philosophische Kultur. - Der berühmte deutsche Dichter: Rilke

- Grundfragen der Soziologie(Individuum und Gesellschaft), (Sammlung Göschen, Bd. 101.) Walter de Gruyter, 1917 Berlin und Leipzig, 103 S.(2. Aufl., 1920)
- Individualismus, aus: Marsyas I, 1917
- Rembrandt. Ein kunstphilosophischer Versuch. Kurt Wolff Verlag, 1917 Leipzig, 205 S.(2. Aufl., 1919)

1918

- Der Konflikt der modernen Kultur. Ein Vortrag. Duncker und Humblot, 1918 München und Leipzig, 48 S.(2. Aufl., 1912, 3. Aufl., 1926), auch in: Das individuelle Gesetz, hrsg. v. M. Landmann, 1983, Frankfurt/M, S.148–173
- Germanischer und klassisch–romanischer Stil, aus: Der Tag, 2. März 1918.
- Lebensanschauung. Vier metaphysische Kapitel. Duncker und Humblot, 1918 München und Leipzig, 245 S.(2. Aufl., 1922)
- Vom Wesen des historischen Verstehens.(Geschichtliche Abende im Zentralinstitut für Erziehung und Unterricht, Fünftes Heft.), Ernst Siegfried Mittler und Sohn Verlag, 1918 Berlin, 31 S.

1921

- Fragment über die Liebe, aus: Auszug aus Logos X, 1921. Vgl. auch Der platonische und der moderne Eros, in: Fragmente und Aufsätze.

1922

- Schulpdagogik. Vorlesungen, hrsg. von Karl Hauter, Zickfeldt, 1922 Osterwieck/Harz, 134 S.
- Zur Philosophie der Kunst. Philosophische und kunstphilosophische Aufsätze, hrsg. von Gertrud Simmel, Kiepenhauer, 1922 Potsdam, 175 S.

1923

- Fragmente und Aufsätze aus dem Nachlass und Veröffentlichungen der letzten Jahre, hrsg. von Gertrud Kantorowicz, Drei Masken Verlag, 1923 München, 304 S. Enthält: Aus dem nachgelassenen Tagebuche-über die Liebe(Fragment)-Der platonische und der moderne Eros-Die historische Formung-Gesetzmäßigkeit im Kunstwerk-Zur philosophie des Schauspielers-Zum Problem des Naturalismus

1953

- Rembradtstudien. Schwabe, 1953 Basel, 72 S.(Wiederabdruck der Aufsätze Rembrandtsstudie, Logos, V[1914~1915], S.1-32, und 1915, Studien zur Philosophie der Kunst, besonders der Rembrandtschen aus Logos, V[1914~1915], S.221-38. Auch erschienen als Rembrandtstudien. Sonderausgabe, Wissenschaftliche Buchgemeinschaft, Darmstadt 1953, 72 S.

1957

- Brücke und Tür. Essays des Philosophen zur Geschichte, Religion, Kunst und Gesellschaft, Im Verein mit Margarete Susman, hrsg. von Michael Landmann. K.F. Koehler Verlag, 1957 Stuttgart, 281 S.

□ 단행본278)

1890

- Über Sociale Differenzierung. Sociologische und psychologische Untersuchung, Leipzig 1890, Duncker und Humblot, VII, 147 S. (=Staats- und socialwissenchaftliche Forschungen. Herausgegeben von Gustav Schmoller. 10. Bd., I. H.., der ganzen Reihe 42. H)

1892

- Die Problem der Geschichtsphilosophie. Eine erkenntnistheoretische

---

278) 이 부분은 위의 전체문헌 목록에 이미 들어 있는 것이지만 그중 단행 본만 간추린 것이다.

Studie, Leipzig 1892, Duncker und Humblot, X, 109 S.(2. Aufl., 1905, 3. Aufl., 1907, 4. Aufl., 1922 München und Leipzig, 5. Aufl., 1923)

1892~1893

- Einleitung in die Moralwissenschaft. Eine Kritik der ethischen Grundbegriffe. Berlin: Hertz(Besser), Bd. I, 1892 467 S.; Bd. II, 1893 526 S.(2. Aufl., Stuttgart und Berlin: Cotta'sche Buchhandlung 1904; 3. Aufl. 1911). Einleitung in die Moralwissenschaft. Eine Kritik der ethischen Grundbegriffe. Bd. I, 461 S.; Bd. II 427S. Bd. 3 und Bd. 4 in Gesamtausgabe, hrsg. v. Klaus Christian Köhnke, 1. Aufl., 1989 Frankfurt am Main: Suhrkamp)

1900

- Philosophie des Geldes, Duncker und Humblot, 1900 Leipzig, 554 S.(2. Aufl., 1907, 3. Aufl., 1920, 4. Aufl., 1922 München und Leipzig; 5. Aufl., 1930 München; 6. Aufl., Berlin, 1958), Philosophie des Geldes, Bd. 6 in Gesamtausgabe hrsg. v. David P. Frisby und Klaus Christian Köhnke, 1. Aufl., 1989 Frankfurt am Main: Suhrkamp(2. Aufl. 1991)

1904

- Kant, Sechzehn Vorlesungen gehalten an der Berliner Universität, Duncker und Humblot, 1904 Leipzig, 181 S.(2. Aufl., 1905, 3. erweit. Aufl., 1913 München und Leipzig; 4. Aufl., 1918, 5. Aufl., 1921, 6. Aufl., 1924)

1905

- Philosophie der Mode.(Moderne Zeitfragen, Nr. 11), Pan-Verlag, Berlin 1905, 41 S.(2. Aufl., 1905), auch Die Mode in: Die Mode des 18. Jahrhunderts, München 1971: Rogner & Bernhard, S.5-32.

1906

- Die Religion. (Die Gesellschaft, Sammlung sozialpsychologischer

Monographien, hrsg. von Martin Buber, Bd. II) Frankfurt am Main: Rütten und Loening, 1906. 79 S.(2. Aufl., und erweit. Aufl. 1912, 3. Aufl., 1923), auch in: Gesammelten Schriften zur Religionssoziologie, hrsg. von Horst Jürgen Helle, Duncker und Humbldt, Berlin 1989, S.110-171. Enthält: Zur Soziologie der Religion / Beiträge zur Erkenntnistheorie der religion / Vom Heil der Seele / Die Gegensätze des Lebens und die Religion / Das Christentum und die Kunst / Religise Grundgedanken und moderne Wissenschaft. Eine Umfrage / Die Problem der religisen Lage / Die religion / Der Konflikt der modernen Kultur(Schluteil)

- Kant und Goethe. (Die Kultur Sammlung sozialpsychologischer Monographien, hrsg. von Cornelius Gurlitt, Bd. X), Berlin: Marquardt, 1906, 71 S..(2. Aufl., Kurt Wolff Verlag, 1907 Leipzig; 3. Aufl., unter dem Titel Kant und Goethe; zur Geschichte der modernen Weltanschauung, 1916, 4. Aufl., 1918, 5. Aufl., 1924 München und Leipzig)

1907

- Schopenhauer und Nietzsche. Ein Vortragszyklus. Duncker und Humblot, 1907 Leipzig, 263 S.(2. Aufl., 1920 München und Leipzig), auch Sammlung Junius, 11, 1. Aufl., Junius Verlag, 1990 Hamburg

1908

- Soziologie. Untersuchung über die Formen der Vergesellschaftung, Duncker und Humblot, 1908 Leipzig, 782 S.(auch in: Bd. 2 in Gesamtausgabe, 1. Aufl., 1992 Frankfurt am Main

1910

- Hauptprobleme der Philosophie. (Sammlung Gschen, Bd. 500.) Göschen, 1910 Leipzig, 175 S.(2. Aufl., 1911, 3. Aufl., 1913, 4. Aufl., Walter de Gruyter, 1917 Berlin und Leipzig; 5. Aufl., 1920, 6. Aufl., 1927, 7. Aufl., Berlin 1950)

1913

- Goethe. Verlag von Klinkhardt und Biermann, 1913 Leipzig, 364 S.(4. Aufl., 1921, 5. Aufl., 1923)

1914

- Deutschlands innere Wandlung. Rede, gehalten in Straßburg, am 7. November 1914, Trübner, 1914 Straßburg, 14 S.

1916

- Das Problem der Historischen Zeit.(Philosophische Vorträge veröffentlicht von der Kantgesellschaft, No.12), Reuther und Reichard, 1916 Berlin, 31 S.(Wiederabdruck in 1922, S.152−69, und im 1957, S.43−58)

1917

- Der Krieg und die geistigen Entscheidungen. Reden und Aufsätze, Duncker und Humblot, 1917 München und Leipzig, 72 S.(2. Aufl., 1920 Leipzig)
- Grundfragen der Soziologie(Individuum und Gesellschaft), (Sammlung Göschen, Bd. 101.) Walter de Gruyter, 1917 Berlin und Leipzig, 103 S.(2. Aufl., 1920)
- Rembrandt. Ein kunstphilosophischer Versuch. Kurt Wolff Verlag, 1917 Leipzig, 205 S.(2. Aufl., 1919)

1918

- Der Konflikt der modernen Kultur. Ein Vortrag. Duncker und Humblot, 1918 München und Leipzig, 48 S.(2. Aufl., 1912, 3. Aufl., 1926), auch in: Das individuelle Gesetz, hrsg. v. M. Landmann, 1983, Frankfurt/M, S.148−173
- Lebensanschauung. Vier metaphysische Kapitel. Duncker und Humblot, 1918 München und Leipzig, 245 S.(2. Aufl., 1922)
- Vom Wesen des historischen Verstehens.(Geschichtliche Abende im Zentralinstitut für Erziehung und Unterricht, Fünftes Heft.), Ernst Siegfried Mittler und Sohn Verlag, 1918 Berlin, 31 S.

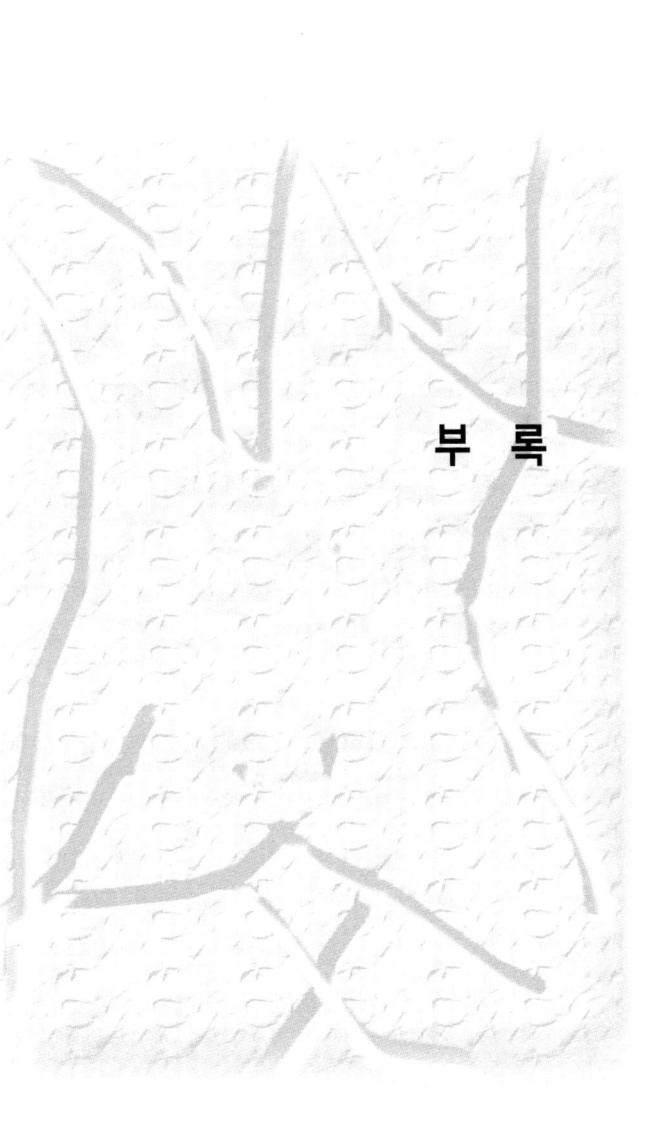

부 록

근대문화와 화폐[279)]

(Das Geld in der modernen Cultur)

게오르그 짐멜(Georg Simmel)

사회학이라는 학문을 통해 무엇보다도 중세시대에 비해 근대의 모순을 형식화할 경우 다음과 같은 시도가 가능하다. 우선 중세인들은 대부분 한 공동체나 사유지 아니면 봉건적 동맹이나 조합에 신분이 구속되어 있었다. 그들의 개인적 인성은 실질적이고 사회적인 이해집단 속에 용해되어 찾아볼 수 없었고 사회적 이해관계들은 또다시 이들을 지지하고 있는 개인들의 특성을 수용하였다. 이 같은 통일성은 근대에 이르러 파괴되었다. 근대는 한편으로 인성을 인간 개개의 품성에만 기초하여 규정하도록 하였고 각 개인의 인성에 내외적으로 비할 수 없이 큰 행위의 자유를 가져다주었다: 이에 관련하여 다른 한편으로는 실질적인 삶의 내용들에게 유례없이 큰 객관성을 부여하였다: 기술과 조직들 그리고 경영이나 직업 내에서 사물들의 고유한 법칙들이 점차 우위를 점하기 시작하였고 마치 우리의 본성이 인간적 특성들을 점차 없애 버리고 객관적 법칙성에 종속되려 노력이나 하듯이 사물의 법칙들은 개별인성들에 의한 채색으로부터 벗어나 자유롭게

---

279) ‘근대문화와 화폐’라는 짐멜의 논문은 짐멜의 주저인 『화폐의 철학』에 나타난 그의 사상을 일목요연하게 엿볼 수 있는 것이라 번역본을 옮겨 본다.

되었다. 그리하여 근대에 들어서서는 주체와 객체들이 서로 분리되어 그들 스스로의 순수하고 온전한 독자적인 발전의 길을 찾게 되었다. 그럼 이제 이러한 주체와 객체의 두 분화과정이 화폐경제에 의하여 어떠한 영향을 받았는가에 대해 서술하도록 하겠다.

인성(Persönlichkeit)과 소유(Besitz)의 관계는 독일의 역사 내에서 중세까지 거슬러 올라가며 두 가지의 특색 있는 형태들로 나타난다. 원시시대의 토지소유는 인성의 한 종류나 당연한 권한으로서 인식되었는데 이는 점차 각 개인의 소유에서 벗어나 시장 공동체의 소유로 이전된다. 그러는 사이 대략 10세기경에는 이미 이 같은 소유의 개인성이 사라지고 이제는 역으로 모든 사적인 권리는 토지소유의 여부에 종속되게 되었다. 그러나 이 두 형태들 내에는 인간과 소유를 서로 연결해 주는 지역적인 결속이 내포되어 있었다. 예를 들어 1후페(Hufe)의 봉토를 소유해야 완전한 동배관계(Vollgenossenshaft)의 권리를 부여받는 서로 예속적인 영농공동체 조합 내에서는 영농단체 외에 자신의 땅 1후페를 소유한 사람도 토지를 소유하지 않은 자로 인정되었다. 역으로 사적으로는 노동공동체에 속하지 않고도(자유인, 도시시민, 단체 등등……) 공동 경작지 내에 토지를 소유하고 있는 사람도 그 땅이 속하는 해당지역의 영주에게 개별적인 충성을 맹세하고 조합원으로서의 권리와 의무를 양도할 위탁인을 설정해 놓아야 했다. 개인과 객관적 관계들의 이 같은 공속성(Zusammengehörigkeit)은 물물교환 경제시기의 특징이었으나 화폐경제를 통해 폐지되었다. 화폐경제는 인간과 특정한 본성을 지닌 사물 사이에 항상 완전히 객관적이기는 하지만 그 자체 내에는 전혀 특성을 지니지 않고 있는 화폐의 수단과 화폐가치를 밀어 넣는다. 화폐경제는 이 둘의 관계를 하나의 중재된 관계로 만듦으로써 인간과 소유에 간격이 생기도록 한다. 그리하여 화폐경제는 인간적 요소와 지역적 요소의 이전과 같은 밀접한 결속관계를 오늘날 내가 미국의 철도, 노르웨이의 부동산과 아프리카의 금광에서 들어오는 내 수입을 베를린에서도 받을 수 있을 정도까지 분화를 이루어 놓았다.

우리가 오늘날 당연한 것으로 받아들이는 이 같은 소유의 원격 조정적인 형태(Fernwirkende Form)는 하지만 화폐가 소유와 소유자 사이를 때로는 분리시키고 때로는 결합시키는 역할을 수행하면서부터 가능해졌다. 이를 통해 화폐는 한편으로 이전에는 알려지지 않았던 전체적인 경제행위의 비개인성(Unpersönlichkeit)을, 다른 한편으로는 그와 동일하게 상승된 인간의 자주성과 독립성을 발생시켰다. 그리고 소유에 대해서와 유사한 방식으로 조합에 대한 개인성의 관계도 발전되었다.

중세적 협동체제는 모든 인간을 그 체제 내에 가두어 버렸다. 수건 생산업자들의 조합은 순수하게 수건생산에 관한 이해관계만을 관리하는 개인들이 모인 단체가 아니라 직업적 종교적, 정치적 그리고 기타 여러 다른 관점에 있어서 하나의 삶의 공동체였다.

중세의 조합은 실질적인 관심들에 부응하여 결속을 할 수 있었는데 그런 경우에도 조합의 구성원들은 아주 직접적인 관계 속에서 살았으며 그들에게는 이 관계들이 법보다 우선되었다. 이러한 통일된 형태와는 상반적으로 이제 화폐경제는 조합구성원들이 오로지 화폐금액을 요구하거나 순전히 금전에 대한 관심에서 출발된 수많은 단체들을 성립되게 하였다. 이로 인해 한편으로는 조합의 결사에 있어 순수한 객관성 즉 조합의 순수한 기능적 특성, 개인적 채색으로부터의 분리가 가능해졌고 다른 한편으로는 주체를 제한적이고 구속적 관계들로부터 해방될 수 있게 하였다. 왜냐하면 주체는 이제 더 이상 완전한 인간으로서 인지되지 않고 주로 화폐의 교환을 통해 전체와 연결되었기 때문이다.

개별적인 조합원의 관심이 직접적 혹은 간접적으로 화폐의 수단을 통해 표현되기 시작한 이래로 이는 소유와 소유자 간에 그러하였듯이 객관적인 조합전체와 주관적인 개인성의 전체 사이에 하나의 격리 층을 이루듯 자리하였고 이 둘에게 서로에 상반하는 새로운 독자성과 발달능력을 부여하였다. 이러한 발전의 정점을 이루는 것이 바로 주식회사로서 이전에는 경영체가 절대적으로 인간자체가 아닌 화폐의 금액을 통해서만 조합에 참여한 반면, 주식회사로서 운영되는 경영체는 개별적인 주주들에 대해 완전히 객관적이고 영향력을 미치지 않는다. 다른 모든 가치들에 비해 화폐만이 지니는 이 같은 비개인성과 중립성을 통해 그리고 점차 더욱더 많은 다양한 사물들을 금전으로 환산함으로써 문화가 발전될수록 그에 부응하여 점차 상승될 화폐의 비개인성과 중립성은 비할 바 없는 업적들을 이루어 놓았다. 왜냐하면 화폐가 지닌 이런 특성들이 기타의 다른 점들에 관련해서는 분리와 냉담성의 원칙을 엄격하게 강조하는 개인과 집단들의 행동에 공유성이 생기도록 하기 때문이다. 이로써 조합에 가입할 수 있는 삶의 내용들을 통해 완전히 새로운 하나의 획이 그어졌다. 여기에서 나는 한편으로는 화폐가 이해관계들을 서로 결속시키고 다른 한편으로는 이들을 분리시킴을 가능하게 하는 경계를 정교하게 그어주는 것으로 보이는 두 가지 예를 들려고 한다.

1848년 이후 프랑스에서는 노동자 단체들이 모인 조합(Syndikat)들이 구성되었으며 이에 속하는 단체들은 그들의 불가분한 기금들을 이 조합에 양도하여 나눌 수 없는 공동의 금고를 만들었다. 이 금고는 주로 도매로 물품을 구입하거나 금전 대부 시 담보로 쓰일 용도로 마련되었다. 이 조합들은 그러나 조합들에 참여하는 단체들을 하나로 통일하려는 목적을 지녔던 것은 전혀 아니며 각 단체들은 그들의 고유한 조직들을 그대로 이끌고 있었다. 그 당시에는 노동자들이 단체를 구성하려는 열의에 사로잡혀 있었기 때문에 이 경우는 매우 의미 있게 보인다.

이제 여기에서 노동자들이 그렇게 명백히 조합의 통합을 거부했다면 거기에는 그들 상호 간의 신중함에 대한 특별히 강력한 이유들을 갖고 있었음에 틀림없었다. ─하지만 그럼에도 불구하고 그들의 이해관계들을 하나로 통일시켜 순수한 화폐 소유의 공동성 내에서 효과적인 영향을 발휘할 수 있는 가능성을 찾아내었다. 그리고 더 나아가 경제적으로 압박받는 기독교 단체들을 지원하기 위해 결성된 큰 공동체인 구스타프─아돌프─협회(Gustav─Adolph─Verein)가 성공을 거둔 것은 만일 화폐 금액의 객관적 특성이 기부자들의 종교적인 상이점들을 말소시키지 않았다면 불가능했을 것이다. 그러나 루터 교도, 개혁교파 등의─이들은 그 밖의 이유로는 전혀 공동으로 행동하지 않았을 것이다. ─이 같은 공동작품은 그렇게 실현되었고 이상적인 응집소 역할을 하여 이들 사이의 교파는 각기 다르지만 그들은 서로가 서로에게 공속된다는 감정을 강화시켰다.

소위 개인이 지닌 비개인적인 것을 하나의 행위로 통일시키는 중세까지는 거의 알려지지 않았던 조직방식인 노동조합의 연합은 우리에게 지금까지 모든 개인적인 것과 특수한 것들을 완전히 배제하고 서로의 통합을 이루는 유일한 가능성임을 가르쳐 준 화폐를 통해서야 엄청난 성공을 거둘 수 있었다고 말할 수 있다. 이러한 통합의 형태는 오늘날의 우리에게는 아주 당연한 것이지만 문화적으로 볼 때는 아주 거대한 변혁들과 진보들 중의 하나로 묘사된다.

하지만 만일 화폐교류가 지니는 분리와 소외의 효력에 대해 비판이 가해진다면 다음과 같은 것을 잊어서는 안 될 것이다. 화폐를 교환하여 화폐대신 확정적이고 구체적인 가치를 돌려받는 필연성 때문에 화폐는 한 경제권 내에서 그 구성원들 간에 아주 강력한 결속이 이루어지도록 조장한다. 즉 화폐는 직접 소비될 수 없기 때문에 소비자는 화폐를 통해 교환 가치를 얻을 수 있는 다른 개인들과 관련을 맺게 된다. 그리하여 근대의 인간들은 고대 게르만 사회나 후의 궁정 사회에 속한 인간들과 비교해 볼 때 비할 수 없이 다양한 공급자들과 주문처들에 종속되어 있다. 그의 존재는 매 순간마다 금전적 이해관계들로 결부된 수백 가지의 관계 속에 자리하고 있으며 이러한 관계없이는 체액의 순환 활동이 중지된 유기체의 한 부분처럼 그는 더 이상 존재하기가 힘들 것이다.

이러한 근대적 삶이 동화와 유착으로 이루어지도록 영향을 끼친 것으로는 무엇보다도 물물 교환 상태에서는 초기적 발전 단계에서 명백하게 더 이상 진전되지 못했던 노동분화를 들 수 있다. 왜냐하면 모든 다양한 사물들과 특질들을 위한 공통의 척도가 존재하지 않았다면 어떻게 개별적 생산품들의 가치들을 서로에 맞대어 측정할 수가 있었겠는가? 각 생산물을 현금으로 전환하고 그 현금으로 다른 생산품을 다시 구매할 수 있는 모든 상이점들을 조정하는 교환수단이 아직 없는 상황에서 어떻게 교환이 순조롭고 쉽게 이루어질 수 있었겠는가? 그리고 화폐가 생산의 분배를 가능하게 하기 때문에 사람들은 불가피하게 서로 결속된다. 이제 모든 사람들은 타인을 위해 노동을 하고 또한 모든 사람들이 노동을 할 때에야 비로소 개인의 편파적인 능력을 보완할 수 있는 포괄적이고 경제적인 통일이 이루어진다. 그리하여 화폐는 결국 결사를 찬양하는 낭만주의자들에 의해 가장 칭송된 봉건시대의 단체나 자의적인 통합이 이루어진 시기보다도 더 인간 사이에서 비할 수 없이 많은 상호관계를 유발시키게 되었다. 마침내 화폐는 모든 사람들을 위한 포괄적 공동의 이해관계에 대한 일종의 전형을 산출해 내었는데 이는 물물교환 경제시기에는 전혀 불가능했던 것이다.

화폐를 통해 직접적인 상호이해를 위한 토대가 제공되었고 행정규정상의 평등화가 이루어졌는데 이는 지난 세기 이후 문화사와 사회사에서 비중 있는 역할을 수행한 보편적이고 인간적인 것에 대한 어떤 표상을 생산해 내는 데에 크게 기여하였다. 화폐문화가 전역에 걸쳐 완전히 퍼졌을 때에는 바로 로마제국의 문화에 보편적이며 인간적인 것에 대한 표상이 등장했을 때와 버금갈 만한 큰 반향을 불러일으켰다. 하지만 화폐가 이처럼 자유와 구속 간에 전혀 새로운 균형관계를 이루어 놓았지만—이는 이미 상술한 바에서 뚜렷해진다—연합으로 인해 야기되는 엄청난 긴밀함과 불가피성은 다른 한편으로 개인성과 내적 독립성에 광범위한 활동 영역을 열어주는 특이한 결과를 가져왔다. 왜냐하면 화폐경제 이전 시기의 인간은 아주 소수의 사람들과 상호적으로 예속되어 있었지만 이 소수의 사람들은 개별적으로 확고한 관계를 지니고 불변성을 지녔다. 그 반면 오늘날의 우리는 상품 공급자에게 이전보다 훨씬 더 종속되어 있지만 개별적인 접촉 상대자는 임의적이고 자주 바뀐다. 즉 우리는 특정 인물로부터는 훨씬 더 자유로워졌다. 바로 이러한 상황이 강력한 개인주의를 초래한다. 왜냐하면 타인으로부터의 고립이 아닌 타인과의 관계, 하지만 타인이 바로 누구인가 하는 데에 대한 고려가 없을 때 즉 타인의 익명성, 타인의 개인성에 대한 무관심 때문에 결국 사람들은 서로로부터 소외되고 스스로 자기 안에만 침잠하게 되는 것이다. 타인에 대한 모든 외적 관계들이 개인적인 성격을 띠고 있었던 시기에 비해 볼 때 우리가 지니고 있는 근대적 특성화에 상응하여 화폐제도는 인간의 객관적인 경제행위와 그의 개별적인 색채로부터 완전히 자유로워지고 개인들로 하여금 그 어느 때보다도 모든 관계들로부터 탈피하여 순수한 본연의 자아로 돌아갈 수 있게 해 준다. 근대 문화의 사조들은 서로 대비되는 듯이 보이는 두 방향으로 흐른다. 즉 동일한 조건하에서 가장 원거리에 위치한 것과의 연결을 통하여 더욱 광범위해진 사회적 세력권을 형성하고 표준화시키며 또한 조정시키는 방향으로 발전하는 한 흐름과 가장 개인적인 것을 찾아내며 인간의 자주성과 완성의 독자성을 추구하는 또 다른 방향으로 발전한다. 그리고 이 두 경향들은 한편으로는 매우 보편적이고 도처에서 균등한 효력을 발휘하는 이해관계이며 결합수단이자 이해의 수단이며 다른 한편으로는 화폐경제에 의해 지지된 개인성의 냉담성이나 개인화 그리고 자유화를 가능하게 한다.

후자의 결과를 위해서는 한 가지를 더 증명하는 것이 필요하다. 화폐를 통하여 능력의 표현이나 보상이 가능했었다는 것은 이전부터 개인적 자유의 수단으로써 그리고 지주로써 인식되었다. 그리하여 고전적 로마법은 특정한 능력을 수행할 책임이 있는 사람이 금으로 환산하여 그 책임에 해당되는 정도만큼 배상하면 그의 당위적 의무를 거부하고 권리자의 책무를 해제받을 수 있도록 규정해 놓았다. 이와 더불어 개인이 지고 있는 모든 의무들은 화폐를 통해 변상될 수 있다는 확신이 주어졌고 이와 관련된 규정은 사법적 영역에서 개인의 자유를 위한 대헌장(Magna charta)으로 묘사되었다. 이에 편승하여 노예들의 해방 역시 종종 이루어졌다. 중세 영주의 장원에 예속되는 수공업자들을 예로 들면 이들은 그들의 업무가 처음에는 제한되었다가 그대로 굳혀지고 마침내는 금전으로 배상되는 변화를 거치면서 결국 자유를 획득하는 경우가 많았다. 이렇게 화폐경제는 13세기 이래 영국의 백작

령(Grafschaft)들에서 군인과 노동자 신분으로서 수행해야 할 의무가 화폐의 지불을 통해 면제되기 시작함으로써 자유를 향한 강력한 진보의 일환으로 그 영향력을 발휘하였다. 그리하여 농민들의 해방을 유도하려 했던 요세프 2세(Joseph Ⅱ)가 제정한 법령들 중에서는 농민들이 금리 지불을 통해 그들의 의무였던 부역과 현물 공납들로부터 벗어날 수 있게 한 조항이 있었는데 이를 통해 그들을 의무로부터 벗어나게 했던 것은 그의 가장 중요한 업적들 중의 하나로 평가된다. 금전 지불을 통해 업무를 대체함은 곧 업무가 부과됨에 따른 특유의 구속으로부터 즉시 개인을 해방시키는 결과를 가져왔다. 이제는 직접적인 인간의 행위에 대해서가 아닌 인간 행위의 객관적인 결과에 대해서만 타인은 청구권을 가지게 되었다. 금전을 지급받을 때 개인성이란 스스로의 내면에 있는 것이 아니라 개인에 대한 모든 내적 관계에서 분리된 어떤 것 속에 내재한다. 그러나 바로 이러한 이유로 화폐로 대체되는 업무는 억압적으로 작용할 수도 있다. 아테네와의 연합국들이 권리를 박탈당하기 시작한 것은 그들이 아테네에게 선박과 승조원들에 대한 분담 몫들을 화폐로 대신 지급하면서부터였다. 이러한 개인적 의무로부터의 피상적인 해방은 스스로의 정치적 활동을 포기하고 특수한 능력을 투입하며 실질적인 역량의 계발에 대한 포기를 낳는 결과를 가져왔다. 화폐경제가 발달할수록 금전으로 변제가 가능한 의무들 내에는 종종 우리가 별 의식 없이 포기하는 권리들과 중요한 의미들이 아직 포함되어 있음이 종종 간과된다. 여기서처럼 화폐를 줄 경우와 마찬가지로 화폐경제가 야기한 결과들의 이중성은 판매 즉 화폐를 획득하는 경우와도 동일한 연관관계를 갖는다. 다른 한편으로 인간은 소유물을 화폐로 전환시킴으로써 해방의 느낌을 갖게 된다. 이전에는 객체가 지닌 가치가 한가지로 고정되어 있었던 반면 화폐의 힘을 빌려 우리는 객체가 지닌 가치를 모든 임의의 형태로 주조할 수 있게 된다. 이전에는 객체가 그가 지닌 저장과 결실의 조건들에 우리를 종속되게 하였으나 주머니에 돈을 가지고 있는 한 우리는 이제 자유롭다. 그러나 바로 이 같은 자유는 얼마나 빈번하게 삶의 공허함과 그 실체의 미미함을 의미하던가! 그 때문에 화폐를 통해 농경의 의무들을 변제할 수 있도록 규정해 놓았던 이전 시기의 법률은 영주들로 하여금 강제적으로 농경의 의무를 금전지급을 통해 변상토록 하는 것을 금지하였었다.

만일 지주가 토지에 대한 그의 권리들을 적당한 가격으로 판다면 (이 토지를 자신의 영지로부터 분리시킬 용도로) 이 지주에게는 전혀 과실행위가 없는 듯 보인다. 그러나 농민에게 있어 토지에는 단순한 재산 가치와는 완전히 다른 그 이상의 어떤 것을 의미한다. 토지는 그에게 유익한 근로 활동을 가능케 하는 것인 동시에 관심의 중심이며 삶의 방향을 제시해 주는 삶의 내용이다. 그가 토지 대신 화폐로 그 가치를 변상받는 한, 그는 이러한 것들을 상실하게 되는 것이다. 지난 날 농민들은 빈번하게 토지를 화폐로 보상받음으로써 일시적인 자유를 부여받았지만 개인의 활동을 보장해주는 견고한 객체라는 기본적인 자유라는 돈으로 살 수 없는 것을 빼앗겼다.

이는 한편으로는 후기 아테네, 후기 로마 그리고 근대 세계의 문화와 같이 화폐에 의해 조정되는 문화가 지닌 위험성이라 할 수 있다. 점점 더 많은 것들이 화폐로 지불되고 화폐라는 수단을 통해 획득 가능해지고 있지만 이런 것들이 실제세계에서 아직도 화폐로는 표현될 수 없는 측면들을 가지고 있다는 것이 너무 빈번히 간과되고 있다. 사람들은 그들이 가지고 화폐가치 내에 그들의 욕구를 명확하게 만족시킬 만한 등가가치가 들어 있다고 너무 맹목적으로 믿고 있다. 여기에 우리 시대의 문제성, 불안정 그리고 불만족에 대한 심층적인 원인이 놓여 있음이 명백하다. 화폐경제에 의해 심리학적으로 강조되던 객체들의 질적 측면은 상실되고 지속적인 화폐가치에 대한 평가의 요구에 의해 결국 화폐가치만이 유일하게 가치 있는 것으로 나타난다. 우리는 마치 이러한 새로운 근대적 정서들에 의해 보복을 당하는 것처럼 특수한 사물들의 경제적으로 표현할 수 없는 의미를 갈수록 빠른 속도로 지나치며 살아가고 있다. 삶의 핵심과 의미는 항상 새로운 것에 의해 우리 손으로부터 빠져 나가고 충분하고 확실한 만족들도 점차 드물어지며 모든 노력과 행위는 이러한 의미의 상실을 되살리는 데 근원적으로 아무런 도움이 되지 않는다. 나는 우리의 시대가 이미 그런 정신적 상태에 완전히 빠져 있다고는 주장하고 싶지는 않다. 하지만 우리 시대가 단순한 양적인 가치에 의해서 즉 철저하게 많고 적음에 대한 관심을 통해 질적 가치를 앞질러 가고 있는 것은 확실하다. 왜냐하면 이러한 양적인 가치에 의해 우리의 근본적인 욕구들이 채워지고 있기 때문이다.

그리고 사실상 모든 임의적인 것에 항상 유효한 교환수단과 스스로를 등가(Äquivalenz)시함으로써 사물자체도 순수한 의미에서는 그 가치가 하락된다. 화폐는 모든 총체를 위한 등가물이기 때문에 세속적이며 비열한(gemein) 것이다. 개인적인 것만이 고귀한 것이다. 다수에게 동일한 것은 이들 다수 중 가장 저급한 것과 동일시된다. 그리고 이로 인해 가장 고급스러운 것도 가장 저급한 수준의 것으로 떨어진다. 평균화는 곧바로 가장 저급한 요소의 위치로 이끌기 때문에 이것이 모든 평균화의 비극으로 인식된다. 왜냐하면 일반적으로 가장 고급의 것이 가장 저급한 것으로 떨어질 수는 있으나 모든 저급한 것이 가장 고급스런 요소들로 상승하는 경우는 거의 없기 때문이다. 그리하여 사물들의 가장 본질적인 가치는 가장 이질적인 것을 화폐를 통하여 균일하게 바꿀 수 있다는 점 때문에 침해당한다. 그 때문에 우리는 아주 특별한 것이나 아주 뛰어난 것을 두고 '이러한 것은 돈으로 살 수 없는 것이다'라고 말한다. 부유한 계층들은 이러한 사실에 대해 심리적으로 냉담한 반응을 보일 뿐이다. 왜냐하면 그들은 이제 별 특징 없이 항상 동일함에도 불구하고 가장 다양하고 가장 특수한 것을 구입할 수 있는 수단을 소유하고 있기 때문이다. 왜냐하면 그들에게는 이 때문에 '어떤 가치가 있는가?' 하는 질문이 차츰 '얼마나 가치가 있는가?' 하는 문제로 치환되기 때문에 사물들의 특수하고 개별적인 매력들을 섬세하게 느끼는 것은 점차로 퇴화된다. 바로 이것이 객체들의 등급과 특질들에 대해 더 이상 적당하게 감정의 뉘앙스를 풍기면서 반응하는 것이 아니라 모든 것을 균일하고 그 때문에 무감각한 결정적인 진폭으로 들어가는 색채를 더 이상 느끼지 못하는 냉담성이다.

화폐가 점차 받아들여야만 하는 바로 이 같은 특성으로 인해 화폐가 사물들을—문화의 향상으로—더욱 보상할 수 있도록 화폐는 어떤 더 높은 단계의 관계들 내에서 그가 이전에 집착했던 의미를 상실한다. 그 한 예로 벌금은 그 영역이 제한되었다. 고대 게르만의 법은 가장 중한 범죄, 사형까지도 화폐를 통해 속죄될 수 있었다. 교회에서의 참회는 7세기 이후부터 화폐로 변제될 수 있었는데 그 반면 근대의 법들은 벌금형을 상대적으로 가벼운 범죄에만 제한한다. 이는 화폐의 상승된 의미에 반하는 징조가 아니라 오히려 화폐의 의미가 상승되었음을 나타낸다. 바로 화폐가 점차 더욱 많은 사물들을 변상해줌으로써 더욱 색채가 없어지고 특성을 상실하기 때문에 인성의 가장 내면적이고 근원적인 것에 해당되는 매우 특별하고 예외적인 관계들 내에서는 더 이상 중재를 할 수가 없게 되었다. 그럼에도 불구하고 거의

모든 것이 화폐로 구매될 수 있는 것이 아니라 바로 그럴 수 있기 때
문에 교회 규정상 참회의 근원을 이루고 있는 윤리적-종교적 요구들
을 중재하는 것을 그만두게 되었다. 이 점들에 관해서는 역사적 발전
상의 두 주요 경향들이 서로 특징적으로 일치한다. 만일 원시 사회에
서 살인이 화폐를 통해 속죄될 수 있었다면 이는 한편으로 개인이 더
욱 확고하고 개인화되어 집단으로부터 분리되어 강조되는 이후의 시
기와 비교해 볼 때 개인이 지닌 가치가 아직은 그렇게 강조되지 않았
고 개인이 아직은 그런 정도로 비교될 수 없으며 대체가 불가능한 존
재로 인식되지는 못했음을 의미한다. 다른 한편으로는 화폐가 아직은
분화되지 않았음을 아직은 모든 질적인 의미를 내포하는 것에서 벗어
나지 못했음을 의미한다. 인간의 개별화가 진전되고 더불어 화폐의 공
평성이 발전되는 것은 화폐를 통한 살인의 속죄를 불가능하게 만든다
는 점에서 서로 일치한다.

　이같이 화폐로 교환할 수 있는 등가물들의 범위가 확장됨으로써 화
폐의 의미가 정련되고 변질된 것과 유사한 방향으로 이미 널리 퍼진
화폐제도가 수반한 매우 중요한 두 번째 결과가 유입된다. 즉 다른 상
품들을 획득하기 위한 단순한 수단인 화폐가 독자적인 재산으로서 수
용된다는 것이 이 두 번째 결과의 내용이다. 화폐는 단지 양도 수단으
로서 단지 확고한 목적과 향락으로 유도하는 일련의 연결고리로서의
의미만을 지닌다. 그러나 이 순서는 단계상에 있어 심리학적으로 지리
멸렬해지고 목적의식이 화폐에 의해 근거를 잃게 된다. 근대적 인간들
중 대다수가 거의 전체 삶의 기간 동안 화폐획득을 우선적인 달성목
표로 인식하는 가운데 일생 동안 누릴 수 있는 전체 행복과 모든 확
실한 만족이 어느 정도의 화폐의 양을 소유하는 것과 연대적으로 관
계를 맺고 있다는 상상이 유추된다. 즉 단순한 수단이자 전제 조건이

었던 화폐가 내적으로 궁극적인 목표로서 성장하게 된다. 하지만 이제 이 목표가 달성되면 일정한 금액이 저금되면 금리 생활자의 생활로 접어드는 사업가들에게서 가장 잘 관찰할 수 있듯 치명적인 지루함과 수많은 실망들이 나타난다. 삶이 화폐에만 의존되고 있는 한, 화폐의 진정한 본질이 유용하지 못하고 불만족스러운 단순한 수단으로서의 역할에만 가치의식을 집중하는 상황들이 사라진 후에야 화폐는 그의 진정한 의미를 드러낸다. ―화폐는 궁극적인 가치들에 도달하기 위한 교량일 뿐이며 이러한 교량 위에서 인간이 거주할 수는 없는 것이다. 이같이 수단에 의해 목적들이 비대화되는 것이 모든 고등문화가 지닌 주요 특성들 중의 하나이며 동시에 주요 문제점들의 하나로 지적된다. 왜냐하면 고등문화는 단순한 관계들과는 반대로 인간들이 지향하는 목표들이 더 이상 단순하고 명백하게 직접적인 행위를 통해서 달성될 수 있는 것이 아니라 인간이 추구하는 목적들이 점차 어렵고 복잡해 지며 멀리 놓여 있으므로 그에 따라 목적달성을 위해서는 여러 가지 수단과 기구들의 조직, 그리고 준비과정에 있어서도 여러 단계를 거쳐 우회하는 것을 필요로 하는 특성을 내포하고 있기 때문이다. 복잡해진 관계 속에서는 결코 즉각적으로 목표에 도달할 수 있는 기회가 존재 하지 않으며 목표에 도달하기 위해서는 수단이 필요할 뿐만 아니라 한 수단을 통해서도 종종 직접적으로 목표를 달성하기가 어렵고 이러 한 수단 또한 결국 궁극적인 목표로 유입되는 수단들 중 다른 또 하 나의 수단을 항상 지탱해주는 여러 수단들 중의 하나인 경우가 대부 분이다. 그러나 더 자세히 살펴보면 여기에는 이렇듯 다양한 수단들이 이루는 미궁 속에 갇혀서 수단들보다 상위에 존재하는 궁극적 목적을 망각하게 되는 위험이 도사리고 있다. 그리하여 모든 삶의 영역을 이 루는 공학은―즉 단순한 수단들과 기구들이 이루는 체계는―복잡하고 미묘하며 조직적일수록 삶의 측면에서 볼 때는 더 이상 넘어설 수 없는 만족스런 최종 목표로 인식된다. 그리하여 그런 궁극적인 목표들은 이미 오래전에 잊혀지거나 착오 속에 빠지게 된 반면, 근본적으로는 특정한 사회적 목적들에 이르기 위한 수단이었다. 그러나 이러한 목표들은 고유한 가치로서 스스로의 요구를 소유하고 존립하는 모든 외적인 윤리의 견고함을 이룬다. 근대 전반에 걸쳐 지금 나타나는 것과 같이 가장 최근의 시기 동안에 마치 결정적인 것, 삶과 사물의 본질적 의미와 핵심점이 이제야 나타나기라도 한 듯, 이는 물론 수단이 우위를 점유한 데에 대한 감정상의 결과이며 수단이 이바지해야 할 본질적인 목적들이 점차 의식의 지평에 이르고 마침내는 그 지평 아래 침잠할 때까지 수단 위에 수단을 또 쌓아 올리는 복잡한 삶의 기술이 우리 시대에 강요됨에 따른 감정상의 성과이기도 하다. 그러나 어떠한 요소도 이 과정에서 화폐보다 더 광범위하게 관여하고 있지는 않다. 어떤 경우에도 단지 수단으로서의 가치만 소유한 객체가 전체 삶에 그런 에너지, 그런 완벽성 그리고 그런 성과들을 가지고—표면적으로든 실제상으로든—자기 충족적인, 전력을 기울일 만한 가치를 지닌 목표들로 증대되지는 못한다. 화폐가 화폐를 통해 획득할 수 있는 대상들의 범위가 엄청나게 확장됨으로써 지니게 되는 중요한 위치는 근대적 삶 속에서 여러 면으로 개별적인 특색들을 나타냄으로써 발산된다. 화폐는 개인들에게 그들의 욕구들을 완전히 충족시킬 수 있는 기회가 더욱 증대되고 유혹적일 정도로 근접할 수 있게 추진시킨다. 예를 든다면 더할 나위 없이 열망하는 것을 마치 단번에 얻게 되는 듯한 기회가 있다. 화폐는 인간과 그가 지닌 욕구들 사이에 중재적인 단계, 즉 일을 수월하게 만드는 구조가 이루어지도록 조작한다. 그리고 이미 달성된 그 한 가지와 더불어 수많은 다른 것들도 이룰 수 있게 되기 때문에 이러한 다른 모든 것이 다른 경우보다도 더 쉽게 이루어질 수 있으리라는 환상을 야기한다. 그러나 행복에 대한 접근과 더불어 동경 또한 점차 자라나게 된다. 왜냐하면 절대적으로 멀리 떨어져 있는 것과 허용된 것이 아닌, —화폐의 조직에 의해 이루어지는 것처럼— 차츰 소유가 가능해지는 듯이 보이는 소유하지 못한 것(Das Nichtbesessene), 이것이 동경과 열정이 최대한으로 커지도록 불을 붙이기 때문이다. 칸트나 쇼펜하우어에게서처럼, 또한 사회 민주주의나 점차 증대되는 미국 지향주의의 시기에서 나타나듯이 근대적 인간이 엄청나게 행복을 추구하는 것은 이처럼 화폐가 지니는 위력과 성과들로부터 조장된 것이 명백하다. 계급이나 개인이 근대에 들어서 특별히 "탐욕(Begehrlichkeit)"을 추구하는 것은 이러한 탐욕을 부정적으로 평가하든 혹은 문화 발전을 촉진시키는 것으로 환영을 하든 간에 이제는 열망할 만한 가치가 있는 모든 것을 내부에 함축하고 있는 유행어와 모든 삶의 희열을 획득할 수 있게 해주는 동화 속의 마술 열쇠처럼 획득하기만 하면 되는 중심점이 존재하기 때문이다.

그리하여 —그리고 이는 매우 중요한 의미를 지닌다— 어떤 일정한 시기에만 희망되거나 노력을 통하여 획득 가능한 항상적인 목표들과는 반대로 화폐는 매번 매 순간마다 원칙적으로 획득이 가능한 절대적인 목표로 변질된다. 이를 통해 근대적 인간에게는 근면에 대해 해를 끼치는 지속적으로 존재하는 가시가 주어진다. 즉 인간은 다른 목표들을 갖고 있지 않는 한 저항의 한 부분(Pièce de résistance)으로 즉각 출현하는 단 하나의 목표를 가지게 될 뿐이며 이 목표는 잠재적으로 항시 인간 내면에 존재한다. 그리하여 화폐를 통해 정지할 수 없는 바퀴를 부여받은 근대적 삶은 불안정하고 성급하며 휴식이 없다. 즉 이 바퀴는 삶의 구조를 영원히 움직이는 기관(Perpetuum mobile)

으로 바꾸어 놓는다.

슐라이어마허(Schleiermacher)는 이전의 종교 형태들은 종교적 색조가 특정시기와 특정장소들과 연관되어 있었던 반면 기독교는 맨 처음으로 신에 대한 경건, 신에 대한 요구를 하나의 지속적인 영혼의 상태로 규정하였음을 강조한다. 그리하여 화폐에 대한 요구란 정신이 화폐경제를 실행할 때에 보이는 지속적인 상태이다. 그리하여 심리학자는 화폐가 우리 시대의 신(Gott)이라고 빈번하게 비판받는 것을 이제는 더 이상 무시할 수 없게 되었다. 심리학자는 단지 이러한 탄식을 옆에 하고 화폐와 신에 대한 표상들 간에 중요한 관련성이 있음을 밝혀 낼 수 있을 뿐이다. 왜냐하면 신성 모독을 하지 못하게 막는 것이 바로 심리학의 특권이기 때문이다. 신에 대한 믿음이란 세상의 모든 가지각색의 일들과 서로 상반되는 것들을 신 안에서 하나로 통일시키는 것에 그리고 중세 말기에 기묘하게도 근대적 정신을 소유했던 니콜라우스 폰 쿠자(Nikolaus von Kusa)의 훌륭한 표현에 따른다면 신은 곧 상반된 것의 통합(Coincidentia oppositorum)이라는 심오한 본질을 가지고 있다. 이처럼 존재가 지닌 모든 상극적인 것들과 화합할 수 없는 것들이 신 안에서 합일되고 중재된다는 사고로부터 평화, 안전, 그리고 신에 대한 표상과 우리가 믿고 있는 신과 함께 부유하고 있는 감정의 보편적인 다양성이 유래하였다. 의심할 바 없이 화폐가 야기하는 감정들은 그 영역들상에서 상술한 것과 심리학적인 유사성을 지닌다. 화폐가 점차 더욱 모든 가치들을 절대적으로 충분히 표현하고 그의 등가물이 될 때 화폐는 아주 광범위한 객체들의 다양성을 초월하여 매우 추상적으로 고양된다. 가장 상반적이고 이질적이며 거리가 먼 것들이 그들의 공통적인 것들을 찾아내고 서로 일맥상통해질 때에 화폐는 하나의 중심이 된다. 이 같은 안정과 평온, 화폐를 소유

함으로써 가지게 되는 감정, 화폐를 통해서 공통적인 가치들을 소유한
다는 확신 등은 매우 순수하게 심리학적으로, 소위 형식적으로 보아서
화폐가 곧 우리 시대의 신이라는 탄식에 대해 더욱 근원적인 이유를
제시해 주는 균일점을 내포한다. 동일한 원천으로부터 근대적 인간이
지니는 이와는 방향이 다르고 더욱 동떨어진 특징들이 유래한다. 화폐
경제는 일상적인 교류 속에서 지속적으로 수학적인 작업들이 불가피
해지는 필연성을 수반한다. 다수의 인간들의 삶은 질적인 가치들이 그
렇듯 확정되고 저울질되고 계산되고 환산됨을 통해 생성된 양적인 가
치들로 채워진다. 이는 분명 더욱 충동적이고 단호하며 감정적인 특성
을 지니는 이전의 시기에 비해 이성적이고 계산적인 근대의 특성이
형성되는 데에 기여한다. 그리하여 페니히(Pfennig) 단위의 차이들까
지의 모든 가치를 결정하고 분화시키는 것을 가르쳐주는 화폐평가의
침입(eindringen)으로 인하여 삶의 내용들 속에서도 정확성과 경계규
정이 더욱 엄밀해지는 결과를 낳았다. 사물이 그들 서로의 직접적인
관계 내에서 고려되는 곳—즉 그들의 공통분모인 화폐에 국한되지
않는 곳—그곳에서는 오히려 반올림이나 단위와 단위를 서로 비교하
는 일이 이루어진다. 삶의 여타 다른 내용들에도 영향을 미치는 경제
적 관계들 속에서의 정확성, 엄밀함, 정밀성 등은 화폐제도가 확장되
는 것과 보조를 맞추어 진전된다. 이러한 것이 물론 삶을 영위함에 있
어 부유한 유형을 장려하는 것은 아니다. 그리고 이와 동일한 의미에
서 화폐경제의 확장이 즉 소규모 화폐의 사용이 점차 증가함이 예고
된다. 1759년까지 영국은행은 20파운드스터링 이하의 지폐를 발행하지
않았는데 1759년 이래로 화폐발행 기준은 최저가 5파운드스터링으로
하락했다. 그리고 더욱 특색 있는 것은 영국의 지폐들은 1844년까지는
그들이 다시 소단위 화폐로 교환되어 제공될 때까지 평균적으로 51일

동안 통용되었다. 이에 반해 1871년에는 이 지폐들이 단지 37일 동안만 유통되었다. 즉 27년 후에는 소단위 화폐를 요구하는 것이 그 강도에 있어 거의 4분의 1이나 상승되었다. 모든 사람이 종종 단지 순간적인 유혹에 따라 다양한 소품들을 즉시 살 수 있는 적은 돈을 주머니 속에 지니고 있다는 사실은 이러한 가능성들을 수단으로 하여 살아가는 산업들이 부흥하도록 야기하였다.

이상과 가장 최소의 단위로 나누어질 수 있는 화폐의 특성은 근대적 삶에 있어 외적인 특히 미학적인 삶의 형성에 평범한 하나의 스타일을 이루는 데에 크게 기여하며 우리의 삶과 결속되어 있는 자질구레한 일들이 점차 증가하도록 촉진한다. 그리고 윤리적인 영역에서 본다면 화폐제도의 확장이 ― 예를 들어 회중시계의 유행이 널리 퍼진 것처럼 ― 인간의 외적인 관계들에 부여한 정확성과 엄밀성을 고려하여 볼 때 내적인 성실성이 또한 그에 비례하여 증가된 것은 결코 아니다. 오히려 화폐는 최상이나 최저의 행동이 동시에 그리고 내적으로 아무런 연관 없이 일어나게 하는 매우 객관적이고 비분화된 그의 고유한 특성을 통하여 행위가 쉽게 어떠한 방종이나 신중하지 못한 쪽으로 빠지도록 유혹한다. ― 순수하게 화폐에 의해서만 유발되는 행위들이 아닌 경우에는 객체들에 대한 행위자의 개별적인 관계가 행위를 통제하는 객체들의 고유한 구조에 의해 개인들이 방종이나 무고려성으로 미혹되지 않는다. 그리하여 보통의 경우에는 고결한 사람들도 화폐로 인하여 '미심쩍은 일들'에 간여하게 되고 대다수의 인간들은 그들이 다른 일들에 관련하여 윤리적으로 의혹이 가는 행위를 하는 것보다도 오히려 순수하게 화폐에 관련된 용무들에 있어 더욱 비양심적이고 불명료하게 태도를 취한다. 다른 소유물들과 상황들은 더욱 독특하고 다양한 품질들을 지니고 있기 때문에 객관적으로나 심리학적으로 그들의 근원들을 내면에 지니고 있는 반면 궁극적으로 획득된 결과 즉 화폐에서는 바로 그의 근원을 전혀 감지할 수가 없다.

화폐 이외의 소유물들과 상황에서는 근원을 감지해낼 수 있고 근원들은 곧 그 소유물들과 상황을 상기하게 한다. 그와는 반대로 행위가 거대한 화폐의 바다로 유입되면 행위는 더 이상 인식될 수 없고 화폐의 유출에서는 화폐의 유입 시 내포되어 있던 특성을 더 이상 찾아볼 수 없다. 화폐교류가 수반한 이 같은 세부적인 결과들로부터 다시 눈을 돌려 이제 나는 화폐와 우리 시대의 문화가 지닌 특성 그리고 모티프와의 관계에 대한 아주 포괄적인 설명과 함께 이 글을 끝맺으려 한다. 만약 우리가 근대 삶의 본질과 규모를 하나의 양식으로 요약하려 한다면 다음과 같이 묘사될 수 있을 것이다: 인식, 행위, 전형의 형성이 지니는 본질들이 그들의 견고하고 자주적이며 안정된 형태로부터 발전, 활동, 불안정성의 상태로 이행되는 것이 근대적 삶의 특성이다. 우리 눈앞에서 일어나고 있는 삶의 내용들이 갖고 있는 숙명에 눈길을 돌리면 매번 그들의 발전 행로가 위에 기술한 바와 같이 여지없이 일치한다. 우리는 이 같은 발전에 상위하는 절대적인 진리들을 포기하고 우리의 인식이 지속적으로 변형, 증대, 교정되도록 기꺼이 내맡긴다. 왜냐하면 모든 영역들에서 경험이 지속적으로 강조된다는 것은 다른 것이 아니라 위와 같은 것들을 의미하기 때문이다. 생물체의 종류는 우리에게 더 이상 영원한 창조의 사고와만 연계되어 있는 것이 아니라 무한하게 추구되는 진화의 통과 점들로서 인식된다. 아래로는 무생명체까지 그리고 위로는 가장 고등한 정신적 구조들에 이르기까지 이와 동일한 경향들이 확장된다. 질의 경직성은 우리에게 근대의 자연과학이 쉴 새 없는 회오리 속에서 아주 미세한 부분들로 해체됨을 가르쳐 준다. 통일적인 것들, 모든 교체되고 모순적인 사물들과는 상반적인 위치에서 형성된 이전 시기들의 이상형들을 우리는 그들이 역사적인 전제조건들에 종속되어 발전하고 모든 변화에 적응해온 과정 속에서 인식한다. 사회 집단 내에서 확고한 경계들은 점차 해체되고 카스트 제도와 유사한 계급적 구속들과 전통들이 지니는 경직성은―그것이 축복이든 파멸이든 간에―타파된다. 그리고 개인성은 삶의 상태들의 변화무쌍한 다양성에 의해 순환될 수 있다. 이같이 근대의 정신적 그리고 사회적 문화가 중세와 고대 사회에 대해 결정적으로 상반적인 입장을 취하는 거대하고 통일적인 삶의 발전과정에 이 발전과정을 지지하고 발전과정에 의해 지지되면서 화폐의 지배가 편입된다. 사물들이 완전히 무색이고 모든 특수한 본질은 포함하고 있지 않은 교환 수단 내에서 그들의 등가물을 발견하는 가운데 사물들이 매 순간마다 그런 등가물로 치환되는 가운데 그들은 어느 정도 정련되고 연마되며 그들의 마찰 면들은 축소되고 지속적인 조정의 과정들이 그들 사이에서 이루어진다. 그들의 순환, 서로의 주고받음은 물물교환 경제 시기와는 아주 다른 속도로 진행된다. 교환 관계에 있지 않은 듯이 보이는 사물들은 점차로 휴식이 없이 진행되는 흐름 속에서 떠밀려 내려간다. 나는 이에 대한 가장 극단적인 보기들 중의 하나로서 화폐가 지배한 이후 변화된 토지소유의 교체 과정을 떠올린다. 전체적인 근대적 세계상을 특징짓는 안정으로부터 불안정으로의 이행은 화폐 경제와 함께 또한 경제 세계도 장악하였다. 세계 활동의 한 부분을 이루는 경제세계의 운명들은 전체세계의 상징이자 동시에 거울인 것이다. 여기에서는 단지 완전히 그들 내면의 법칙들에만 복종하는 듯이 보이지만 그럼에도 불구하고 동시대의 전체 문화 운동들을 아주 멀리 떨어져 있는 것까지도 조절하는 화폐경제와 같은 현상은 상술한 것과 동일한 리듬을 따른다는 것이 제시될 수 있을 뿐이다. 문화의 전체 발전과정이 경제적 관계들에 종속되어 있다고 보는 사적 유물론과는 달리 화폐에 대한 고찰은 시대의 심리적이고 문화적인 상태에 영향을 끼친 근원적인 결과들은 경제적 삶이 형성되는 것에서부터 출발한다는 것을 그러나 다른 한편으로는 경제적 삶이 형성되는 것 자체는 거대하고 통일적인 역사적 삶의 흐름들로부터 그 본질을 부여받으며 그들의 궁극적인 세력들과 동기들은 물론 신적인 비밀이라는 것을 우리에게 시사한다. 그러나 이 같은 형식의 동일성들과 심오한 연관관계들이 우리에게 화폐제도란 우리의 문화를 꽃 피우는 동일한 뿌리에서 자라난 하나의 가지에 불과함을 밝혀낸다면 바로 정신적이고 감성적인 것에 관련된 상품들을 관리하는 사람들이 화폐제도가 지닌 황폐함들에 대해 한탄하는 것에 대해 위안을 찾아낼 수 있을 것이다. 왜냐하면 인식이 그 근원에 더욱 접근해 갈수록 화폐경제의 관계들이 우리 시대의 문화가 지닌 약점이나 섬세한 것들 그리고 고귀한 것들을 더욱 명백하게 드러나게 하기 때문이다. 이는 마치 그가 찌른 상처들을 스스로 치료할 수 있는 신화 속의 창과 같은 거대한 역사적 힘과 같은 것이다.

· 저자 ·

김태원   · 약 력 ·
독일 뷔르츠부르크 대학교 사회학 석사(M.A.)
독일 뷔르츠부르크 대학교 사회학 박사(Ph. D.)
영남대학교 민족문화연구소 연구교수 역임
관심분야: 사회이론, 문화이론

· 주요 논저 ·
『인간과 사회현상』
「게오르그 짐멜의 사회이론」
「문화로 이르는 길. 게오르그 짐멜의 문화이론」
「성녀와 마녀에 대한 일탈사회학적 고찰」
「화폐를 통한 현대적 삶의 분석」
「세계사회 이론에 관한 사회학적 고찰」
「울릉도민의 이주과정에 대한 인구사회학적 고찰」
「Kultur. Tragödie und Konflikt zum Kulturbegriff Georg Simmels
  G. Simmel, G. H. Mead und der Symbolische Interaktionismus
  -Geistesgeschichtliche Zusammenhänge, soziologische Systematik-」
외 다수

짐멜의 사회학

· 초판 인쇄	2007년 11월 26일
· 초판 발행	2007년 11월 26일
· 지 은 이	김태원
· 펴 낸 이	채종준
· 펴 낸 곳	한국학술정보㈜
	경기도 파주시 교하읍 문발리 513-5
	파주출판문화정보산업단지
	전화 031) 908-3181(대표) · 팩스 031) 908-3189
	홈페이지 http://www.kstudy.com
	e-mail(출판사업부) publish@kstudy.com
· 등 록	제일산-115호(2000. 6. 19.)
· 가 격	24,000원

ISBN   978-89-534-6711-8 93330 (Paper Book)
        978-89-534-6712-5 98330 (e-Book)